각도로 밝혀라 빛!

글 강선화 | 그림 가온길

각도로 밝혀라 빛!

|주|자음과모음

차례

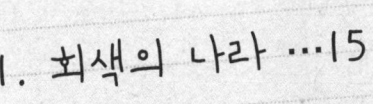

책머리에

눈이 내리는 한겨울에 시작한 일이 꽃 피는 봄에 끝나게 되었습니다. 과학 개념을 동화로 엮어 내는 일이 생소하여 망설였으나, 이야기로 자연스럽게 원리가 이해되는 책이 있으면 아주 좋을 것이라고 생각하며 준비하였습니다.

중학생과 고등학생들을 대상으로 과학을 가르치다 보니 초등학생이 이해할 수 있도록 풀어내기가 힘들었습니다. 다행히 시각 디자인을 전공하고 있는 딸 서진이가 무거운 개념을 동화로 신선하게 풀어 주었기에 특별한 책이 나올 수 있었습니다.

요즘에는 과학자가 꿈인 학생을 찾기가 쉽지 않습니다. 과학을 더 재미있게 가르치고 싶은 교사로서 안타까움이 많습니다. 이 책이 과학자를 꿈꾸는 학생들에게 꿈의 씨앗이 되기를 바랍니다.

강선화

등장인물

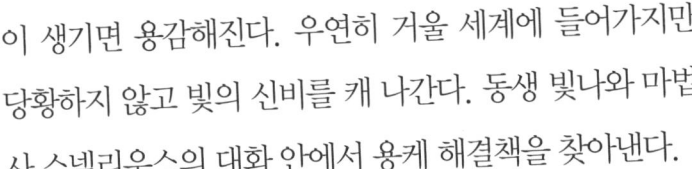

궁금한 것은 답을 알 때까지 곰곰이 생각한다. 겁이 많지만 호기심이 생기면 용감해진다. 우연히 거울 세계에 들어가지만 당황하지 않고 빛의 신비를 캐 나간다. 동생 빛나와 마법사 스넬리우스의 대화 안에서 용케 해결책을 찾아낸다.

향이

빛나

용감하기가 둘째가라면 서러운 향이의 여동생. 호기심이 너무 많아 크고 작은 사고를 일으키지만 가끔 어른스럽게 오빠를 다독이기도 한다. 모험 내내 반짝이는 아이디어를 떠올려 향이와 스넬리우스를 돕는다.

각도로 밝혀라 빛!

스넬리우스

거울 세계의 마법사. 성격이 괴팍하고 말투가 까칠하다. 향이와 빛나를 만나 조금씩 마음의 문을 열고, 빛에 대해 아는 것을 아낌없이 일러 준다. 빛의 나라의 여왕이었으나 빛의 구슬 조각이 흩어지면서 노파의 모습으로 변했다.

아펩

어둠의 마법사. 그림자 나라의 왕을 꼬드겨 거울 세계에서 빛의 구슬을 빼앗았다. 난쟁이 아돌프를 앞세워, 빛의 구슬을 되찾으려는 아이들을 방해한다. 결국 빛의 궁전까지 들어온 향이와 마지막 대결을 펼친다.

거울에 먹히다!

그날 밤에는 잠이 쉬 오지 않았다. 엄마가 드시는 커피 맛이 궁금해서 딱 한 모금 맛봤을 뿐인데……

겨우겨우 잠이 들자 꿈속에서 동생 빛나가 엄마의 손거울을 들고 나타났다. 둘이서 손거울을 들여다보는데 갑자기 누군가 나를 세게 흔들어 댔다.

'쨍그랑!'

나는 손거울을 놓치면서 잠에서 깼다.

"으음…… 어? 벌써 아침이야? 손거울은?"

"오빠, 오빠, 일어나 봐. 저 거울이 이상해. 달빛이 거울로 빨려 들어가고 있어."

빛나가 방에 있는 전신 거울을 가리키며 속삭였다.

"무슨 소리를 하는 거야? 거울은 빛을 반사하잖아."

나는 다시 눈을 감으며 말했다. 그런데 빛나가 또 나를 흔들었다.

"나도 그건 알아. 그런데 정말 거울이 빛을 삼키고 있다고!"

"빛나야, 너 지금 꿈꾸는 거 아냐?"

귀찮았지만 어쩔 수 없이 졸린 눈을 비비며 자리를 털고 일어났다. 그리고 빛나와 함께 전신 거울 앞에 섰다.

"어, 정말 거울이 빛을 삼키고 있잖아!"

나는 내 눈을 믿을 수 없었다. 분명 거울이 은은한 달빛을 빨아들이고 있었다. 졸리던 눈이 번쩍 뜨였다. 놀라서 방 안을 둘러보았지만 우리 말고는 아무도 없었다.

"대체 무슨 일이지?"

태어나서 처음 보는 광경이었고 앞으로도 일어나지 않을 일 같았다. 무서움은 사라지고 점점 궁금해지기 시작했다. 나는 용기를 내어 거울로 다가갔다. 빛나도 뒤에서 내 옷깃을 잡고 따라왔다.

"오빠, 거울을 한번 만져 봐."

용기를 내서 거울에 손을 뻗은 순간 빛나의 비명 소리가 들렸다.

각도로 밝혀라 빛!

"아아앗!"

빛나에게 꽉 잡으라는 말을 할 새도 없었다. 우리는 달빛과 함께 거울 속으로 빨려 들어갔다.

1
회색의 나라

"괜찮아?"

빛나가 또 나를 흔들어 깨웠다.

나는 눈을 떴다. 거울 속에 빨려 들어오면서 정신을 잃었던 모양이다. 주변을 둘러봐도 온통 칠흑 같은 어둠이었다.

"응. 여기가 어디야?"

목소리가 울리는 걸 보니 동굴에 들어온 것 같았다.

"어두워서 잘 안 보여. 우리 집은 확실히 아닌데. 저 앞에 희미하게 빛이 보이는 데로 가 보자."

빛나와 나는 멀리 보이는 빛을 향해 빠르게 걸었다.

"잠깐, 오빠! 거기 서!"

나는 빛나의 외침을 듣고 급히 멈춰 서서 바닥을 내려다봤다.

내가 서 있는 곳은 까마득한 낭떠러지 위였다. 나는 놀라서 한 발자국도 움직일 수 없었다.

"후아."

숨을 고르고 주변을 살펴봤다. 아무리 저녁이라지만 낭떠러지 위부터 바닥까지 모든 것이 회색빛이었다. 숲 속의 나뭇잎들은 짙은 회색이었고, 하늘은 밝은 회색과 검은색이 섞여 먹구름이 낀 것 같았다. 불어오는 바람까지 회색으로 느껴질 지경이었다.

"꼭 회색 선글라스를 쓰고 보는 것 같아."

그때 동굴 안쪽에서 검정색 망토를 뒤집어쓴 사람이 천천히 걸어나왔다.

"아앗!"

나와 빛나는 깜짝 놀라 소리를 질렀다. 빛나는 벌써 내 등 뒤로 숨었다. 자세히 보니 매부리코에 등이 굽은 할머니였다.

"다…… 당신은 누구세요?"

나는 가까스로 용기를 내어 큰 소리로 물었다. 그러자 날

각도로 밝혀라 빛!

카로운 목소리가 되돌아왔다.

"뭐라고, 당신? 너희는 어른에 대한 예의도 없느냐? 다른 사람에 대해 물을 때는 자신을 먼저 소개해야지!"

할머니는 커다란 지팡이를 휘두르며 말했다. 나는 쭈뼛거리면서 앞으로 나섰다.

"저…… 저는 초등학교 6학년 향이입니다. 얘는 제 여동생 빛나예요."

"저는 4학년이에요. 안녕하세요?"

빛나도 고개를 내밀고 어색하게 인사했다. 그러자 할머니의 표정이 조금 누그러졌다.

"그래. 난 마법사 스넬리우스다."

"마법사요?"

"그럼 이게 마법 지팡이예요?"

할머니는 우리 질문에는 신경도 쓰지 않고 동굴 속으로 저만치 걸어 들어가며 중얼거렸다.

"우선 불을 피우자꾸나. 여긴 너무 어둡구나."

나와 빛나는 덩그러니 선 채 서로 마주 보았다. 그리고 동시에 터벅터벅 걸음을 옮겼다. 마법사라는 사실을 믿을 수 없었지만, 지금으로선 할머니를 따라 동굴로 들어가는 수밖에 없었다. 안으로 들어갈수록 점점 어둠이 짙어졌다.

너무 어둡구나.
불을 피워 주마.

"오빠, 너무 컴컴해. 자칫하면 넘어지겠어."

빛나의 말을 들었는지, 할머니가 갑자기 멈춰 섰다. 할머니는 동굴 구석에 있는 장작더미로 다가가 마법 지팡이의 끝을 대고 짧게 주문을 외웠다.

"쵸키쵸키! 타올라라!"

그러자 장작에 불이 붙으면서 동굴 안이 환해졌다.

우리는 눈이 휘둥그레져서 마법 지팡이를 바라보았다. 할머니가 어깨를 으쓱거리며 말했다.

각도로 밝혀라 빛!

"놀라기는. 마법사를 처음 보는 모양이지? 우선 여기 앉아라. 이제 좀 밝구나."

빛나와 나는 모닥불 주변에 둘러앉았다. 할머니가 우리를 위아래로 훑어보더니 물었다.

"너희들, 잠옷을 입고 온 거냐?"

"오고 싶어서 온 게 아니에요."

"저희는 거울에 손을 댔을 뿐이에요. 그런데 갑자기……."

"그래, 거울 속으로 들어왔겠지."

할머니는 고개를 끄덕이더니 짧게 웃었다. 그리고 말을 이어 나갔다.

"너희가 들어온 이곳은 거울 속에 있는 세계란다. 모든 거울 속에 존재하지만 누구나 들어올 수 있는 곳은 아니지."

"그럼 우리는 어떻게 들어온 거예요?"

빛나가 물었다.

"난 이 세계에 생긴 문제를 해결할 똑똑한 사람을 기다리고 있었지. 그래서 마법으로 거울 바깥에 있는 빛과 사람을 끌어들였다. 흠, 그런데 이런 꼬마들이 올 줄이야."

"저희도 똑똑해요, 할머니."

"할머니라니! 실은 나는…… 에잇, 됐다. 스넬리우스라고 불러라."

할머니, 아니 스넬리우스가 눈을 부릅뜨며 말했다.

나는 아직도 꿈속에 있는 기분이었다. 집에 보내 달라고 크게 소리치면 잠에서 깰 수 있을 것 같았다. 그런데 그때 호기심 많은 빛나가 스넬리우스에게 물었다.

"거울 세계에 어떤 문제가 생겼는데요? 그래서 하늘이 칙칙해진 건가요?"

스넬리우스가 툴툴거리며 대답했다.

"쳇, 다른 사람을 불러올 시간이 없으니 어쩔 수 없군. 잘 듣거라."

나도 호기심이 동해 귀를 기울였다. 스넬리우스가 모닥불을 들여다보며 말을 이었다.

"원래 이 세계에는 빛의 나라와 그림자 나라가 공존했지. 빛의 나라가 강해지면 그림자 나라도 강해지고, 빛의 나라가 약해지면 그림자 나라도 약해졌어. 그래서 두 나라 시민들은 서로를 위하면서 살아갔다."

빛나가 호기심에 찬 표정으로 말했다.

"빛이 강해지면 그림자도 강해진다고요?"

"물론이지."

"빛은 밝고 그림자는 어둡잖아요. 어떻게 같이 강해져요?"

내가 빛나와 스넬리우스의 대화에 끼어들었다.

"그림자는 빛이 없으면 생기지 않아. 빛이 물체에 막혀서 나아가지 못하면 그림자가 생기거든."

"물체에 막힌다고? 물이나 공기는 물체에 가로막혀도 옆으로 휘어서 지나가잖아."

한 번 물어보고 끝낼 빛나가 아니다. 빛나는 평소에도 내가 대답하기 어려운 질문을 자주 한다. 그리고 자기가 이해할 때까지 물고 늘어진다. 그래서 나는 빛나와 이야기할 때 늘 귀를 쫑긋 세우고 있다가, 조금이라도 아는 내용이 나오면 재빨리 대답한다. 마침 책에서 읽은 내용이 떠올랐다.

"그래. 하지만 **빛은 무조건 똑바로 나아가는 성질이 있어.** 이것을 '빛의 ✦ 직진성'이라고 해."

"직진한다고? 앞으로만 가는 거?"

"맞아, 앞으로만 가. 그래서 직선으로 나아가던 빛이 물체에 부딪치면 통과하지 못하고 튕겨져 나오는 거야."

옆에서 듣고 있던 스넬리우스도 거들었다.

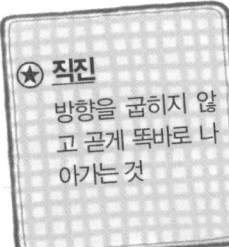

✦ **직진**
방향을 굽히지 않고 곧게 똑바로 나아가는 것

각도로 밝혀라 빛!

"향이 말이 맞다. **빛이 닿지 않은 곳, 즉 물체의 반대편에 그림자가 생기는 거야.** 이때 빛이 강하면 그림자가 선명해지고 빛이 약하면 그림자도 희미해진단다."

"그렇구나. 그런데요, 그림자가 두 개 생길 수도 있어요?"

빛나가 고개를 갸우뚱하며 물었다. 이번에도 내가 나서서 대답했다.

"빛이 두 곳에서 비추면 그림자도 두 개 생겨. 가령 가로등 두 개가 네 양옆에 켜져 있다고 생각해 봐. 왼쪽 가로등 빛이 오른쪽 바닥에 그림자 한 개를 만들고, 오른쪽 가로등 빛이 왼쪽 바닥에도 그

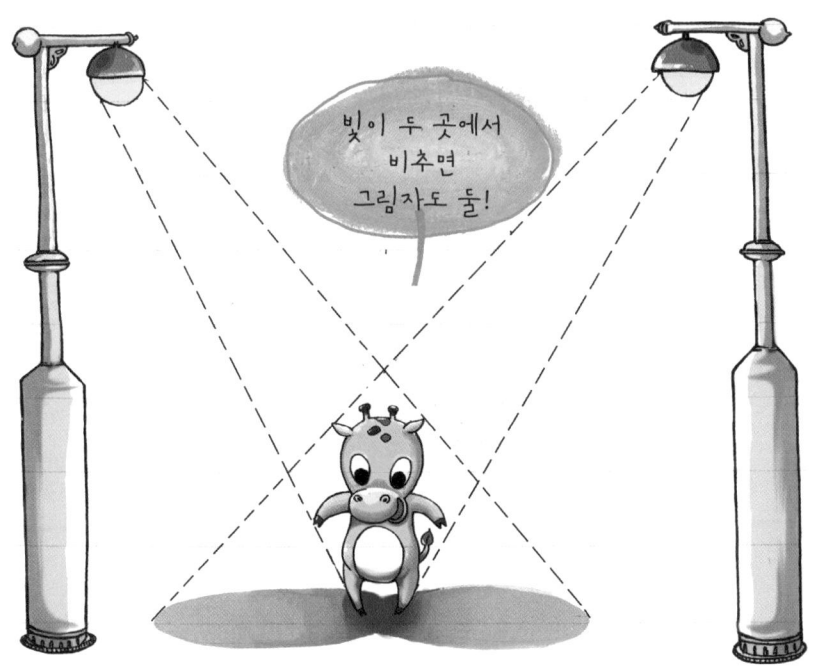

빛이 두 곳에서
비추면
그림자도 둘!

23

림자 한 개를 만들잖아."

"아……."

"물론 주변이 환하기 때문에 그림자는 희미하겠지만. 그런데 왜?"

"지금 여기 있는 빛은 모닥불뿐이야. 그럼 내 그림자는 등 뒤에 하나만 생겨야 하는 거 아냐?"

"맞아."

"그런데…… 저길 봐. 내 앞에 큰 그림자가 하나 더 있어."

나는 빛나의 발밑을 보았다. 정말로 그림자가 하나 더 있었다. 빛나의 등 뒤에 불빛이 없으니 절대 있을 수 없는 일이다. 나는 이상한 기분이 들어 작은 목소리로 말했다.

"빛나야, 한번 움직여 봐."

빛나가 일어나서 크게 한 걸음을 걷자 이상한 일이 일어났다. 빛나 앞에 있는 큰 그림자가 빛나를 따라가지 않고 모닥불 위에 드리워져 있었다. 그 그림자는 한발 늦게 빛나를 덮치듯 따라갔다. 그리고 그 순간 무시무시한 이빨을 살짝 드러냈다. 마치 살아 있는 것 같았다.

"이런, 그림자 나라의 첩자다! 벌써 이 아이들이 온 걸 눈치챘나 보군."

스넬리우스가 마법 지팡이로 살아 있는 그림자를 세게 내리치면서 소리쳤다. 그러자 시커먼 그림자가 땅 위로 솟아올라 빛나를 붙잡았다.

"오빠, 어떡해! 몸이 안 움직여. 이 이상한 그림자를 떼어 줘!"

빛나가 울먹이자 내 마음이 급해졌다.

"할머니! 아니, 스넬리우스! 그림자 괴물을 어떻게 물리치죠?"

하지만 스넬리우스는 침착했다.

"너무 겁먹을 것 없다. 진짜 그림자를 키워서 저 그림자 괴물을 덮어 버리면 돼!"

"그림자를 키워요?"

"그래. 나는 우선 저 그림자 괴물이 움직이지 못하게 마법을 걸겠다. 내가 횃불을 하나 줄 테니, 가서 빛나의 그림자를 괴물보다 크게 키우렴."

스넬리우스가 마법 지팡이를 높이 들고 주문을 외우기 시작했다.

"쵸키쵸키! 그대로 멈춰라, 그림자 괴물!"

괴물이 그 자리에 멈추자, 나는 그림자를 어떻게 크게 만들지를 곰곰이 생각했다. 우선 스넬리우스가 건네준 횃불을 조심히 들고 모닥불을 밟아 껐다. 불빛이 여러 개 있으면 희미한 그림자가 여러 개 생길 텐데, 희미한 그림자로는 그림자 괴물에 맞서기 어려울 것 같았다. 그때 동굴 구석에 놓인 바위가 눈에 들어왔다.

'빛의 위치가 바뀌면 그림자의 크기와 진하기가 바뀐다고 했는데……'

학교에서 배운 내용이 어렴풋이 떠올랐지만, 빛의 위치를 어떻게

각도로 밝혀라 빛!

바꿔야 하는지는 자세히 생각나지 않았다. 나는 횃불을 들고 무작정 바위 위로 올라갔다. 불빛을 높은 곳에서 비추면 그림자의 크기가 어떻게든 달라질 것 같았다. 나는 더 생각해 보지 않고 빛나의 머리 위쪽으로 횃불을 높이 들었다. 하지만 그림자는 커지기는커녕 축구 공만큼 작게 줄어들었다.

"뭐야? 내 그림자가 작아졌어!"

빛나가 소리쳤다. 그림자 괴물이 그 틈을 놓치지 않고 작아진 빛나의 그림자를 마구 공격했다.

"뭐 하는 거냐? 그림자 크기를 도리어 줄이다니! 횃불을 당장 치우거라!"

스넬리우스가 나를 향해 소리쳤다.

'왜 그림자가 줄어들었지?'

나는 당황해서 횃불을 내릴 생각도 못하고 그 자리에 굳은 채로 서 있었다. 내 마음을 읽었는지 스넬리우스가 다시 말을 건넸다.

"향이야, 점심시간에 운동장에서 축구하던 때를 떠올려 봐라. 해가 머리 바로 위에 있을 때 네 그림자는 어떻더냐?"

나는 운동장에서 골대 앞에 서 있던 일이 생각났다. 해가 머리 위

각도로 밝혀라 빛!

에서 내리쬐는 점심시간이었다. 내 발밑에 축구공만큼 자그마한 그림자가 선명하게 드리워져 있었다.

"아! 그림자가 아주 작았어요."

"오빠, 그럼 언제 그림자가 커졌어?"

빛나의 다급한 목소리에 정신이 번쩍 들었다.

"해가 저무는 오후! 수업이 끝나고 오후에 운동장에 나가면 그림자가 아주 길게 늘어졌어."

"그래, 맞다. 여기는 해가 없으니 횃불을 해라고 생각해 보거라."

스넬리우스의 말을 듣고 나는 재빨리 바위에서 내려왔다.

'태양의 높이가 낮아질수록 그림자가 길어졌어. 그러니까 횃불을 낮은 곳에 두면 되겠다!'

바위에서 내려오자 예상대로 빛나의 그림자가 길게 늘어났다. 그리고 내가 뒤로 물러날수록 빛나의 그림자가 그림자 괴물보다 점점

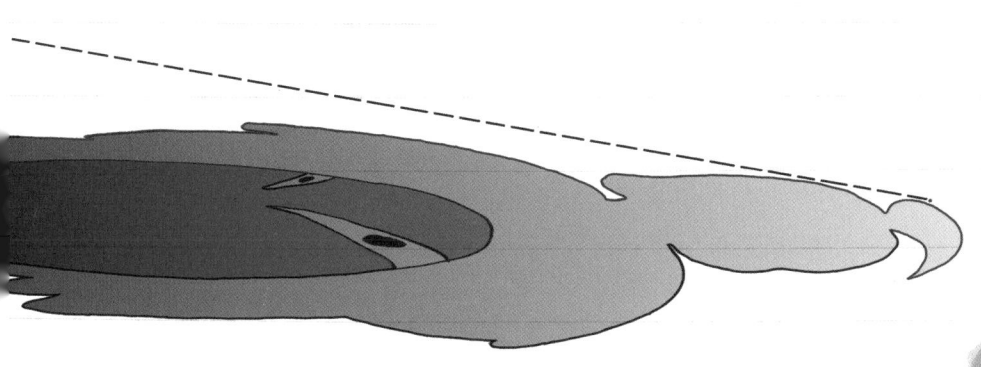

29

커졌다.

"제법이구나."

스넬리우스의 말에 나는 으쓱해졌다. 나는 그림자를 더 크게 키우려고 계속 뒷걸음질을 쳤다. 그런데 횃불이 빛나에게서 멀어지자 이번에는 그림자가 점점 희미해졌다.

"향이야, 멈춰라! 더 물러서면 그림자가 아예 사라질지도 몰라!"

스넬리우스가 나에게 호통을 쳤다. 나는 당황해서 다시 빛나 쪽으로 다가갔다.

"멀어질수록 그림자가 길어지길래……. 더 멀리 가면 더 커질 것 같아서……."

내가 중얼거리는 사이 빛나가 고개를 돌리며 큰 소리로 물었다.

"스넬리우스 할머니, 그림자가 왜 흐려진 거예요?"

"할머니라고 하지 말랬지! 그럼 그렇지, 한 번 얘기한 걸 기억할 리가 없지."

스넬리우스가 고개를 저으면서 말을 이었다.

"바위에서 내려온 건 아주 잘했어. 물체를 비추는 빛의 높이가 낮아질수록 물체의 그림자는 길어지니까 말이다. 그런데 생각해 봐라. 횃불이 멀어지면 빛나가 받는 빛의 세기는 어떻게 변할까?"

"음…… 너무 멀어지면 빛이 약해질 것 같아요."

빛나가 그림자 괴물과 싸우면서도 씩씩하게 대답했다. 빛나의 말

각도로 밝혀라 빛!

을 듣자 좀 전에 스넬리우스와 나눈 대화가 떠올랐다.

"맞아. 빛이 강할 땐 그림자가 선명하고, 빛이 약할 땐 그림자가 흐려진다고 하셨죠?"

"아, 오빠가 **너무 뒤로 가서 빛이 약해진 거였어. 그러니까 그림자가 희미해진 거고.** 맞죠?"

스넬리우스가 씨익 웃으면서 고개를 끄덕였다.

"이제 알겠느냐? 그럼 다시 그림자를 선명하게 만들어야지!"

"빛나야, 조금만 더 버텨."

나는 햇불을 적당한 높이로 들고 다시 빛나 쪽으로 다가갔다. 그리고 빛나의 그림자가 그림자 괴물보다 크고 선명해지는 곳에 멈춰 섰

다. 하지만 바람이 불 때마다 햇불이 움직이는 통에 그림자도 함께 흔들렸다. 그때 스넬리우스가 나를 향해 큰 소리로 주문을 외웠다.

"쵸키쵸키! 강해져라, 향이의 불!"

그러자 햇불이 갑자기 활활 타오르며 환하게 빛나기 시작했다. 빛이 세지자 빛나의 그림자는 더 크고 짙어졌다. 그리고 마침내 그림자 괴물을 꿀꺽 삼켜 버렸다.

"하아, 이겼다!"

그림자 괴물이 사라지자 빛나는 그 자리에 털썩 주저앉고 말았다.

"저 그림자 괴물은 뭐예요? 왜 우릴 공격한 거죠?"

각도로 밝혀라 빛!

나는 빛나의 등을 토닥이며 스넬리우스에게 물었다.

"아무래도 아까 하던 이야기를 이어 나가야겠구나. 이곳 거울 속 세계에 빛의 나라와 그림자 나라가 공존했다고 했지?"

"네."

"그런데 어느 날 이상한 일이 일어났어. 색깔이 사라진 거야."

"색깔이 사라질 수도 있어요?"

"너희는 색이 어떻게 보이는 건지 아느냐?"

스넬리우스가 나와 동시에 질문을 던졌다. 나는 갑작스러운 질문에 당황했지만 기억을 더듬어 답을 내놓았다.

"빛 때문이에요."

"빛이 어떻게?"

스넬리우스가 한쪽 눈을 치켜뜬 채 나를 바라보며 물었다. 이번에는 당황하지 않고 대답했다.

"빛은 사실 여러 가지 색을 가지고 있어요. 그리고 그 빛 중에서 물체에서 튕겨 나온 빛이 그 물체의 색으로 보여요. 사과가 빨갛게 보이는 건 사과에서 ★ 반사된 빨간빛이 우리 눈으로 들어오기 때문이에요. 나뭇잎이 초록색으로 보이는 것도 나뭇잎에서 초록빛이 반사되기 때문이고요."

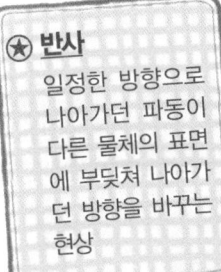

★ 반사
일정한 방향으로 나아가던 파동이 다른 물체의 표면에 부딪쳐 나아가던 방향을 바꾸는 현상

33

튕겨 나온 빛이
색으로 보이지.

"저도 알아요. 빛 때문에 세상이 보이는 거. 밤에는 빛이 없으니까 물체의 색도 모양도 안 보이잖아요."

빛나도 말을 보탰다.

"의외로 잘 알고 있구나."

스넬리우스가 우리를 바라보며 고개를 끄덕였다. 그러고는 다시 침울하게 말을 이어 갔다.

"바로 그 색이 문제가 되었지. 빛의 나라는 1년 365일 여러 가지 색으로 아름답게 빛났어. 하지만 그림자 나라는 그렇지 않았다. 꽃이 펴도 열매가 맺혀도, 그림자 나라에서는 모든 것이 사계절 내내

각도로 밝혀라 빛!

회색이었지."

"답답했겠어요."

나는 아까 본 동굴 밖의 풍경을 떠올리며 말했다.

"그래. 그래서 그림자 나라 사람들은 내심 빛의 나라 사람들을 부러워했다. 당연한 일이었지. 그때였어, 어둠의 마법사가 나타난 건."

우리는 스넬리우스의 이야기에 귀를 기울였다. 어둠의 마법사는 그림자 나라의 왕을 찾아가, 빛의 나라에서 빛의 구슬을 훔치자고 꼬드겼다. 그리고 그림자 나라의 왕이 빛의 구슬을 훔쳐 오자 도와주는 척하며 빛의 구슬을 부숴 버렸다. 그러자 그림자 나라뿐 아니라 거울 세계 전체가 지금처럼 칙칙하게 변해 버리고 말았다.

"그래서 이렇게 회색투성이군요."

"나는 원래 빛의 나라에 살았었다. 그런데 갑자기 색이 사라지니까 갑갑해서 살 수가 없구나."

나는 우리가 사는 세상에서 색이 사라진 광경을 상상해 봤다. 회색빛 사람, 회색빛 집, 회색빛 음식, 회색빛 하늘……. 색이 없는 세상은 상상만으로도 끔찍했다. 스넬리우스에게 도와주겠다고 말하려는 순간, 빛나가 먼저 입을 열었다.

"도와드릴게요."

"당연하지! 그러라고 너희를 부른 거다. 나는 늙어서 힘을 쓰지 못해. 너희가 나를 도와 흩어진 빛의 구슬 조각을 모아 다오. 조각이 모두 모이면 이 세계도 다시 빛을 찾게 될 거야. 그러면 너희를 무사히 돌려보내 주마."

무서운 목소리로 말했지만, 사실 스넬리우스는 우리의 눈치를 보는 것 같았다. 그 모습을 보자 진심으로 스넬리우스를 돕고 싶어졌다. 빛의 구슬 조각을 찾으면 정말 거울 세계에 빛이 돌아올지도 궁금했다.

아침이 오기 전에 집에 돌아가려면 서둘러야 했다.

"좋아요. 어서 찾으러 가요."

"그런데 빛의 구슬 조각은 어디에 흩어져 있어요? 이 세계를 다 뒤져야 하는 거예요?"

나와 빛나가 동시에 말했다.

"그건 걱정 마라. 빛의 구슬 조각에 가까이 다가갈수록 내 지팡이 끝이 빛난단다. 빛의 구슬 조각이 있는 곳으로 안내하는 내비게이션이라고 할 수 있지."

스넬리우스는 자신만만하게 말하면서 동굴 밖 절벽으로 걸어 나갔다. 그리고 마법 지팡이를 높이 들고 여러 방향을 가리켜 보았다. 멀리 보이는 숲을 향하자 마법 지팡이가 희미한 빛을 냈다. 우리 셋은 서로 눈을 마주친 뒤 숲 쪽으로 발길을 옮겼다.

각도로 밝혀라 빛!

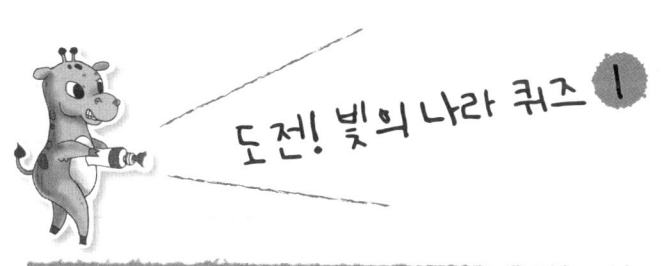

도전! 빛의 나라 퀴즈 1

바위에 올라서서 빛나의 머리 위에서 횃불을 비추자 빛나의 그림자가 작아졌습니다. 횃불을 어떻게 옮겨야 빛나의 그림자가 커질까요?

크레파스에는 하늘색이 한 가지뿐이지만 진짜 하늘 색은 시시각각 바뀝니다. 맑은 날에는 하늘이 맑고 푸르지만 흐린 날에는 우중충한 회색빛이에요. 해 질 녘에는 한동안 하늘이 붉게 물들지요. 하늘 색은 왜 이렇게 변하는 것일까요?

태양 광선은 눈으로 보기에는 그저 밝은 색이지만 그 안에는 빨간색부터 주황색, 노란색, 초록색, 파란색, 남색, 보라색까지의 빛이 모두 들어 있습니다. 이 빛들은 물결 모양과 비슷한 '파동'의 형태로 움직입니다. 그리고 빛의 색깔별로 각 파장(파동이 진행하는 길이)이 달라요. 빨간색에 가까울수록 파장이 길고 보라색에 가까울수록 파장이 짧습니다. 하늘의 색이 달라지는 이유는 이처럼 빛마다 파장이 다르기 때문이에요.

지구는 대기 즉, 공기층으로 둘러싸여 있어요. 빛은 공기 입자와 충돌하면 사방으로 퍼집니다. 이것을 빛의 산란이라고 해요. 산란은 파장이 긴 빛보다 짧은 빛에서 잘 일어납니다. 태양 광선 중 파장이 짧은 푸른색 계통의 빛은, 파장이 긴 붉은색 계통의 빛보다 쉽게 산란되는 특성이 있습니다. 그래서 낮에 빛이 대기의 물방울이나 먼지에 부딪치면 파장이 짧은 파랑색 계통 빛의 산란이 빈번하게 일어나 하늘이 파랗게 보이게 됩니다.

해 질 녘에 노을이 빨갛게 보이는 이유 역시 산란 때문입니다. 해의 높이가 낮아지면 빛이 대기층으로 비스듬히 누워서 들어오지요. 그래서 한낮에 해가 높이 떠 있을 때보다 빛이 통과하는 대기층의 거리가 길어져요. 그러면 파장이 짧은 파란색 계통의 빛은 긴 거리의 대기층을 통과하는 동안 산란되어 없어집니다. 파장이 긴 오렌지색이나 붉은색 빛만 긴 대기층을 통과하여 산란되기 때문에 저녁놀의 색이 붉게 보이는 것입니다.

그럼 우주 정거장이나 달에서는 하늘이 무슨 색으로 보일까요? 지구와 똑같이 태양 광선을 받지만 우주의 하늘은 언제나 검은색입니다. 달이나 우주 공간에는 공기가 없기 때문에 빛이 나아가도 산란이 일어나지 않으니까요.

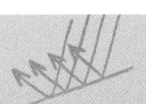

2
거울에 비친 바나나

동굴 안쪽 길을 따라 절벽 아래로 한참을 내려가자 온갖 식물이 가득한 숲이 나타났다. 내가 숨을 헐떡이며 물었다.

"어디까지 들어가는 거죠?"

"조금만 더 가면 된다."

스넬리우스는 대충 대답하고 앞만 보고 걸었다.

"오빠, 좀 쉬었다 가면 안 돼? 덥고 힘들어."

"조금만 더 걷자. 얼마 안 남았대."

나는 힘들어하는 빛나를 부축하고 험한 숲 속을 걸어 들어갔다. 숲 한가운데 다다르자 기다란 이파리가 늘어진 바나나 나무가 있었다.

"지팡이가 다시 반짝이는 걸 보니 이 주변에 있는 것 같구나. 우선 여기서 좀 쉬자꾸나."

우리는 바나나 나무 그늘에 앉았다.

"와! 이 나무 정말 크다. 바나나도 주렁주렁 열렸어."

빛나가 나무에 높직이 매달려 있는 바나나를 손가락으로 가리키며 말했다.

"오빠, 우리 몇 개만 따 먹으면 안 될까?"

사실 나도 배가 고픈 참이었다.

"저렇게 높은 곳에 있는 걸 어떻게 따려고?"

"스넬리우스, 마법으로 바나나 좀 따 주세요."

빛나는 배고픔을 못 참겠는지 스넬리우스에게 부탁했다.

"예끼! 늙은 이 몸을 부려 먹으려는 거냐? 바나나 나무를 세게 흔들어 보거라. 그러면 떨어질지도 모르지."

빛나와 나는 입을 삐죽거리며 일어나 나무 밑동을 잡고 흔들었다. 그러자 다 익은 바나나 몇 송이가 투두둑 떨어졌다.

"으흐흐. 하나, 둘, 세 송이나 떨어졌어!"

"한 송이에 바나나가 세 개씩 달려 있네."

우리의 대화를 듣고 있던 스넬리우스가 물었다.

"그럼 바나나가 모두 몇 개인 거냐? 가만 있자, 하나, 둘, 셋, 넷, 다섯, 여섯……."

빛나가 말을 막으면서 말했다.

각도로 밝혀라 빛!

"아이참, 마법사가 곱하기도 모르시나……. 바나나가 3개씩 붙은 바나나 송이가 3개니까 3 곱하기 3, 9개잖아요."

"누…… 누가 모른다는 거야? 잠깐 생각이 안 났을 뿐이다. 맹랑한 꼬마 같으니라고."

스넬리우스가 헛기침을 하며 말했다. 빛나와 나는 스넬리우스의 말에 대꾸하는 것도 잊고 바나나를 떼어 허겁지겁 까먹었다. 배가 고파서인지 다른 때보다 더 달콤했다.

"어디, 나도 맛 좀 보자."

어느새 스넬리우스도 곁으로 다가와 함께 먹었다. 우리 셋은 각자 바나나를 두 개씩 먹고 부른 배를 두드렸다.

"세 사람이 두 개씩 먹었으니까 3 곱하기 2, 합쳐서 6개를 먹었구나."

스넬리우스가 빛나를 보며 크게 말했다.

"9개 중에서 6개를 먹었으니까 9 빼기 6. 바나나가 3개 남았네요."

빛나도 괜히 스넬리우스를 보면서 말했다.

"자, 알았어. 남은 한 송이는 내가 챙겨 놓을게. 이따가 또 먹자."

내가 남은 바나나 한 송이를 집어 들었을 때 나무 위에서 날카로운 목소리가 들렸다.

"앗! 이 꼬맹이들과 노파가 우리의 바나나를 훔쳐 먹었다!"

나와 빛나는 목소리가 나는 곳을 올려다보았다. 나무 위에서 수십 마리의 원숭이들이 성난 표정으로 우리를 쏘아보고 있었다. 그중 대장으로 보이는 녀석이 땅으로 내려오더니 스넬리우스 앞을 막아섰다.

"인간들이 허락도 없이 우리 바나나를 먹어 치웠구나. 바나나를 다시 내놓지 않으면 이 앞을 지나갈 수 없다."

"말하는 원숭이들이로군. 바나나를 너희가 키운 것도 아니면서 왜 억지를 부리는 거야?"

대장 원숭이는 스넬리우스에게 대꾸할 말이 없는지 괜히 성을 내며 우겼다.

"뭐, 우리가 먹으려고 찜해 놓았으니까 다 우리 것이지!"

대장 원숭이가 손짓하자 수많은 원숭이들이 우리를 에워쌌다. 나는 할 수 없이 나중에 먹으려고 챙겨 둔 바나나 한 송이를 건넸다. 하지만 대장 원숭이는 바나나를 쳐다보지도 않고 말했다.

"처음에 나무에서 딴 게 9개니까, 그 두 배를 내놓아라."

"왜 더 늘어난 거야? 두 배면 18개나 달라는 이야기잖아! 원래 있던 바나나보다 더 많이 달라니, 너무해!"

빛나는 원숭이들의 당치 않은 요구에 화를 내며 대장 원숭이에게 대들었다. 그러자 대장 원숭이가 빛나를 쏘아보며 말했다.

"바나나 18개를 내놓지 않으면 보내 주지 않을 거야!"

다른 원숭이들도 우리를 뚫어져라 보고 있었다. 나는 스넬리우스를 바라보았다.

"어떻게 하죠?"

"저들이 원하는 대로 해 줘야지."

"하지만 이미 먹은 바나나를 다시 뱉어 줄 수는 없잖아요?"

마법사 할머니는 눈썹을 찌푸리며 지팡이로 내 이마를 가볍게 쳤다.

"머리를 써야지. 바나나가 많이 있는 것처럼 착각하게 만드는 거다."

"착각……이오?"

"정확히 말하면 착시라고 해야겠구나."

스넬리우스는 점점 더 어렵게 말했다.

"지금 가지고 있는 바나나는 3개뿐인데요?"

나는 가운데 놓인 바나나 3개를 보며 머리를 저었다. 내 옆에서 턱을 괴고 바나나를 뚫어져라 바라보던 빛나가 엉뚱한 소리를 했다.

"오빠, 눈을 깜빡이지 말고 바나나 송이를 계속 봐 봐. 눈이 아플 때까지 보면 한 송이가 두 송이로 보인다!"

나는 빛나를 타일렀다.

"빛나야, 지금 그런 장난 칠 시간 없어. 그리고 어떻게 한 개가 두 개가 되니? 거울에 비춘다면 몰라도."

그러자 빛나가 손바닥을 탁 치며 말했다.

"거울? 그래! 거울을 두면 바나나가 거울 안에 하나 더 있는 것처럼 보이겠네!"

스넬리우스와 내가 다음 말을 기다리는 걸 보고 빛나는 신이 나서 말을 이었다.

"동물들은 거울에 비친 자기 모습을 자기가 아닌 다른 동물로 여기잖아요. 아마 거울에 바나나를 비추면 원숭이들이 거울 속 바나나를 다른 바나나라고 생각할 거예요."

"네 말이 맞아. 거울은 빛을 반사해서 상을 만드니까."

나는 빛나의 머리를 쓰다듬으며 말했다.

"바로 그거다. 내가 거울을 주마."

스넬리우스는 망토 소맷자락에서 거울 하나를 꺼내 빛나에게 건넸다. 하지만 3개의 바나나 옆에 거울을 세우자 거울 속에는 바나나가 3개 더 생길 뿐이었다. 진짜 바나나 3개와 더해 봤자 6개밖에 되지 않았다.

거울에 비추면 두 배.

"어떻게 하지? 거울로 반사시켜도 6개밖에 안 되네."

그때 나에게 좋은 생각이 떠올랐다.

"빛나야, 거울이 하나 더 필요해."

"왜?"

빛나가 고개를 갸우뚱하며 나를 바라보았다. 스넬리우스는 어리둥절해하며 나에게 거울을 하나 더 건넸다.

"열고 닫는 손거울 알지? 거울 두 개가 붙어 있는 것 말이야. 그 거울을 벌리고 속을 들여다본 적이 있어. 그때 그 안에 내 얼굴이 여러 개 보이더라고."

"아! 우리도 거울 두 개를 붙여 세우면 되겠네!"

빛나가 놀라는 사이에 나는 바나나 옆에 두 개의 거울을 붙여 세웠다. 그러자 거울 사이에 놓은 바나나가 양쪽 거울에 비쳐 보였다.

"이제 바나나가 하나, 둘, 셋, 넷……."

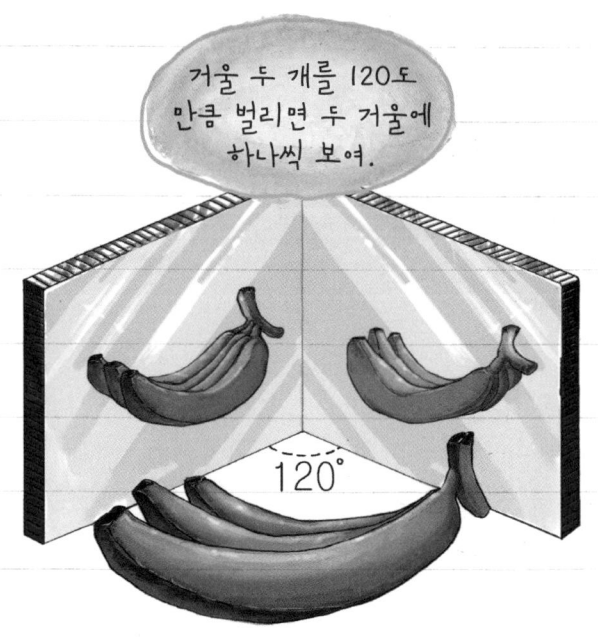

각도로 밝혀라 빛!

나는 자신 있게 눈에 보이는 바나나를 모두 세기 시작했다.

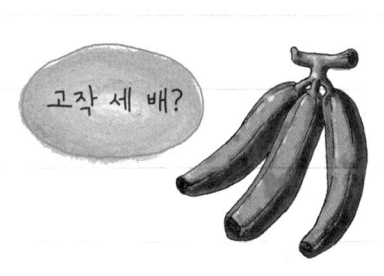
고작 세 배?

"⋯⋯아홉 개? 어, 고작 세 배로 보이는 거야? 이상하네, 손거울에는 더 많이 보였는데."

그때 잠자코 있던 스넬리우스가 입을 열었다.

"에잇, 오빠라서 더 많이 아는 줄 알았더니 둘 다 거기서 거기구나. 거울 두 개를 제대로 이용하려면 각도를 알아야지."

아는 단어가 나오자 내 목소리가 커졌다.

"각도요? 학교에서 배웠어요. 뾰족한 거 맞죠?"

스넬리우스는 자리에서 일어나 지팡이로 바닥에 선 두 개를 그었다. 그리고 선과 선 사이의 벌어진 곳을 가리키며 말했다.

"뾰족한 각도 있고 아닌 것도 있지. 여기를 보아라. 각도란 이렇게 두 선분이 만나 이루어진 도형이다. 그런데 너희들, 직각이 어떤 건지는 알고 있니?"

"당연하죠. 책의 네모난 귀퉁이, 네모난 액자의 모서리 같은 걸 말해요."

"그 각을 90도라고 해요!"

우리 둘이 질세라 차례로 대답했다.

"맞다. 두 직선이 수직으로 만날 때 생기는 각을 90도라고 한단

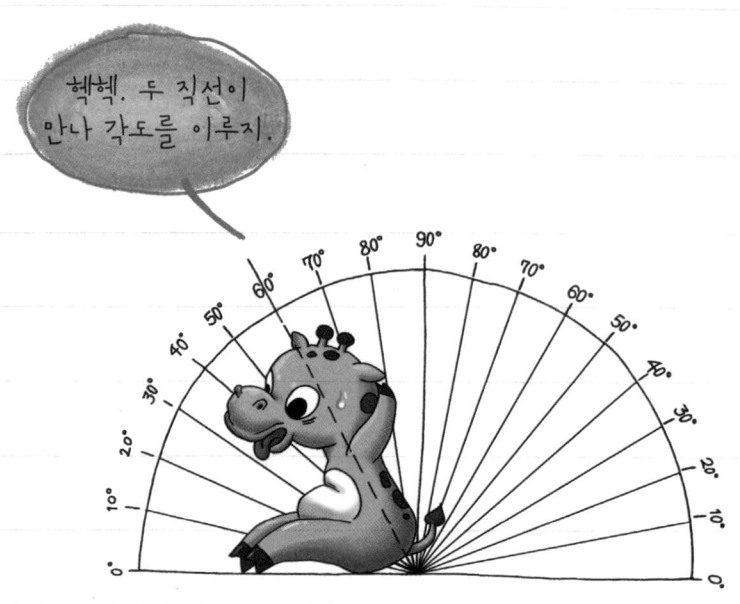

다. 그럼 내가 팔꿈치를 이렇게 접으면 팔 안쪽은 몇 도일까?"

스넬리우스는 팔을 접으면서 물었다. 나는 재빨리 말했다.

"수직은 90도니까 그보다 좁은 각은 90도보다 작아요. 팔을 그만큼 접으면 팔꿈치 안쪽은 약 60도?"

빛나는 어느새 스넬리우스 곁에 가서 그의 팔을 완전히 접으면서 말했다.

"그리고 완전히 접으면 0도가 돼요."

스넬리우스는 팔에 매달린 빛나를 떼어 내며 양팔을 좌우로 활짝 폈다.

"그럼 두 팔을 이렇게 일직선으로 쫙 펴면?"

각도로 밝혀라 빛!

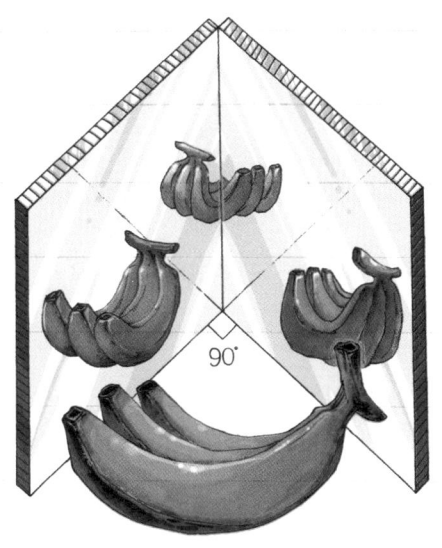

거울이 맞붙은 곳에 하나가 더 보인다!

90˚

"완전히 펴면 90도의 두 배니까 90 곱하기 2! 음…… 180도예요. 맞죠?"

스넬리우스는 끄응 소리를 내며 팔을 주물렀다.

"아이고, 팔이야. 그래, 그럼 두 개의 거울 사이의 각을 이렇게 줄이거나 키워 보렴. 내 팔처럼 말이다."

우리는 다시 두 개의 거울에 다가갔다. 처음에 내가 놓은 거울 사이의 각은 90도보다 넓었다. 나는 거울 사이의 각을 90도로 줄여 봤다. 그러자 놀랍게도 거울과 거울이 만나는 위치에 바나나 송이 1개가 더 보였다.

"빛나야, 여길 봐! 두 거울 사이에 바나나 송이가 생겼어!"

"정말이네! 거울이 만나는 곳에 하나 더 보여!"

"맞아. 내가 손거울을 열었을 때도 거울과 거울 사이에 내 얼굴이 하나 더 보였어."

"어떻게 이렇게 되지?"

호들갑을 떠는 우리에게 스넬리우스가 말했다.

"거울이 빛을 반사하기 때문에 생긴 일이지."

"반사가 뭐예요?"

빛나의 물음에 내가 나서서 대답했다.

"아까 빛이 앞으로만 나아간다고 말했지?"

"응. 그래서 그림자가 생겨."

"그런데 직진하던 빛이 물체의 표면에 부딪쳐서 그 일부가 튕겨 나가기도 하거든. 그런 현상을 반사라고 해."

"잘 알고 있구나. 거울에 물체가 비치는 것도 다 반사 덕분이란다. 거울 표면에서 빛이 반사되어 생긴 상이 우리 눈에 들어오는 원리지. 이제 좀 알겠니?"

스넬리우스가 빛나에게 묻자, 빛나가 무릎을 치며 말했다.

"아! 바나나를 비춘 거울이 다시 거울에 비춰진 거구나. 반사한 걸 또 반사해? 정말 신기하네!"

빛나는 신나서 소리를 질렀다. 하지만 아직 기뻐할 때가 아니었다.

"빛나야, 지금도 거울 속에 보이는 바나나는 세 송이뿐이야. 우리

각도로 밝혀라 빛!

는 바나나를 18개로 늘려야 되는데…… 이 일을 어쩌지?"

"거울 사이의 각을 더 줄여 봐!"

스넬리우스가 갑자기 소리쳤다.

"거울 사이의 각을요?"

"그래. 90도로 줄였더니 한 송이가 더 보였잖느냐? 혹시 알아? 더 줄이면 더 보일지."

"해 보자. 아까 스넬리우스가 팔을 굽혔던 것처럼 사이를 좁혀

봐, 오빠."

나는 속는 셈 치고 두 거울 사이의 각이 60도 정도가 될 때까지 거울 사이를 좁혔다. 그러자 거짓말처럼 거울 속의 바나나 송이가 늘어났다. 두 개의 거울에서 반사된 빛으로 거울 안의 바나나 송이가 5개가 되었다.

"와, 신기하다. 더 많아졌어! 거울 속의 바나나 5송이에 바나나가 각각 3개씩 달려 있으니까 5 곱하기 3, 15개야. 윽! 아직도 3개가 부족하잖아."

빛나는 손가락을 접어 가며 곱셈을 하다 실망한 표정을 지었다. 나는 웃으면서 말했다.

"아냐, 빛나야. 그건 거울에 비친 바나나만 센 거잖아. 진짜 바나나 3개까지 더하면 15개 더하기 3개, 모두 18개야!"

"야호! 이제 원숭이들 틈에서 빠져나갈 수 있는 거야?"

빛나가 밝은 얼굴로 만세를 해 보였다.

"그렇구나. 그럼 저들을 속이러 가 볼까?"

빛나와 나는 스넬리우스를 따라 우리를 가로막고 있는 원숭이들에게 다가갔다.

우리는 원숭이들이 보지 못하도록 뒤돌아 앉아 두 거울을 어림잡아 60도 정도로 벌려 세우고 그 사이에 바나나 한 송이를 놓았다.

"됐다! 거울 속에 15개의 바나나가 보여서 전부 18개야."

각도로 밝혀라 빛!

스넬리우스가 작게 속삭이더니 마법을 걸어 거울을 크게 키웠다.

대장 원숭이는 천천히 바나나 개수를 세더니 소리 질렀다.

"하하, 정말 18개네! 이 꼬마들, 바나나가 어디서 났지?"

나머지 원숭이들도 거울 앞으로 모여들었다. 그러자 그 모습이 거울에 비쳤다.

"앗, 대장! 저 꼬마들이 다른 원숭이 떼를 몰고 왔나 봐. 저 원숭이들이 우리 바나나를 훔쳐 가려고 해!"

배고픈 원숭이들은 거울에 비친 자신들의 모습을 다른 원숭이 떼로 생각하고 거울에 달려들었다. 우리는 그들이 소란을 피우는 사이에 재빨리 그곳을 빠져나왔다.

"휴, 거울 덕분에 빠져나왔네."

우리는 숨을 고르고 30분 정도 더 걸었다. 스넬리우스가 우리를 숲 속 깊은 곳으로 이끌었다. 거기에는 바위로 만들어진 거대한 유적이 있었다.

"이곳에 첫 번째 빛의 구슬 조각이 들어 있다."

빛나는 스넬리우스의 말이 끝나기 무섭게 단단히 닫혀 있는 유적의 문을 힘껏 밀었다. 하지만 문은 꿈쩍도 하지 않았다.

"힘으로 밀기 전에 머리를 써야지! 그 문은 힘으로 열 수 있는 문이 아냐."

괜히 혼나는 빛나가 안쓰러워 내가 스넬리우스에게 물었다.

"그럼 어떻게 여는 건지 알고 계세요?"

"그것도 모를까 봐? 내가 거울 세계 사람이라는 걸 잊지 마라. 저기 문에 작은 구멍이 보이느냐? 거기에 정확히 빛을 비추면 문이 열린다고 하더군."

"빛을 어떻게 비춰요? 이곳에는 햇빛도 없잖아요."

나는 유적 쪽으로 다가가며 입구의 구멍을 들여다보았다. 엄지손가락 굵기의 작은 구멍이었다.

"이 세계에서 빛이 깡그리 사라져 버린 건 아냐. 달빛과 별빛은 아직 남아 있다. 세기는 약하지만 말이야."

"그럼 횃불을 피워서 불빛을 비추어야겠어요. 스넬리우스, 마법으로 횃불을 만들어 주세요."

스넬리우스는 잠시 생각하더니 힘없이 말했다.

"나의 도움만 바라고선 빛을 찾기 어렵다. 지금 내 힘이 약해서, 없는 걸 만들어 내는 마법은 자주 하기 힘들어."

"알겠어요. 저희가 달빛을 이용해 볼게요."

빛나가 어른스럽게 대답했다.

각도로 밝혀라 빛!

나는 문에 있는 구멍을 다시 살폈다. 크기가 작고 깊게 파여 있어서 속을 들여다볼 수가 없었다. 그런데 주변을 둘러보니 구멍이 한두 개가 아니었다.

"스넬리우스, 구멍이 이것 말고도 또 있어요. 아얏!"

급하게 몸을 돌리다 무언가에 발이 걸려 넘어지고 말았다. 나는 바닥에 주저앉은 채 발에 걸린 물체가 무엇인지 찬찬히 살펴보았다. 잔디와 이끼를 걷어 내자 물체의 정체가 드러났다.

"거울이잖아?"

언제 적 유물인지는 모르지만 땅에 묻혀 있던 것은 커다란 고대 거울이었다.

"오빠, 이쪽이랑 저쪽에도 거울이 두 개나 더 묻혀 있어."

세 개의 거울들은 유적을 둘러싸는 형태로 묻혀 있었다. 거울 세 개를 다 꺼내자 좋은 생각이 떠올랐다.

"아무래도 이 거울이 입구를 여는 열쇠 같아요."

나는 거울 세 개를 깨끗하게 닦아서 하나는 빛나에게 하나는 스넬리우스에게 건넸다. 나머지 하나는 내가 들었다. 잠시 후 먹구름 사이로 희미한 빛이 비쳤다. 날이 저물어 달이 뜬 것이다.

"빛나야, 무거우니까 조심해서 들어. 빛나는 이쪽에 서 있고, 스넬리우스는 저쪽에 서 계세요."

스넬리우스가 궁금함을 못 참고 물었다.

59

"대체 뭘 하려는 거냐? 거울이 너무 무겁다."

"달빛을 거울로 반사시킬 거예요. 거울 세 개를 이용해야만 열릴 것 같아요."

나는 간단히 대답하고 빛나에게 말했다.

"달이 하늘 높이 뜨면, 빛나 네가 들고 있는 첫 번째 거울에서 달빛이 반사될 거야. 그러면 스넬리우스의 거울에서도 빛이 반사되도록 네가 거울의 각도를 조절해 주면 돼."

"응? 어떻게?"

나의 말에 빛나가 물었다.

각도로 밝혀라 빛!

"원숭이들을 속일 때 거울의 반사를 이용했잖아. 이번에도 똑같이 거울이 빛을 반사하는 성질을 이용하면 돼."

"그렇지만 각을 어떻게 조절해야 할지 잘 모르겠어."

솔직히 나도 정확히 어떻게 조절해야 할지는 잘 몰랐다. 내가 망설이는 걸 알았는지 스넬리우스가 거울 옆으로 얼굴을 내밀며 말했다.

"그건 내가 설명해 주마. 너희들 농구공을 바닥에 튀겨 본 적이 있지? 바닥에 공을 비스듬하게 떨어트리면 떨어질 때 땅과 이루는 각도와 튀어 오를 때 땅과 이루는 각도가 같단다."

"알아요. 친구들과 운동할 때 공을 바닥에 튀겨 봤어요."

내가 거울 뒤에서 대답했다.

"빛이 반사될 때도 마찬가지다. 빛이 들어오는 각도와 반사되는 각도가 같아."

"빛이 들어오는 각도와 반사되는 각도요?"

이번엔 거울 뒤의 빛나가 허공에 대고 물었다. 스넬리우스가 말을 이었다.

"그래, 빛나야. 네가 든 거울에서 ★ 수직으로 뻗어 나가는 선을 머릿속에 그려 보거라."

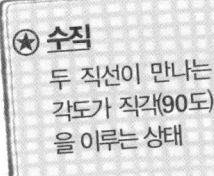

★ **수직**
두 직선이 만나는 각도가 직각(90도)을 이루는 상태

"거울 표면에서 수직으로……. 네, 상상했어요!"

"그 수직선을 법선이라고 한다. 거울로 들어오는 빛의 각과 나가는 빛의 각이 같다는 것은 법선을 기준으로 말하는 거야."

내가 그 말을 거들었다.

"빛나 너는 달빛을 스넬리우스의 거울 한복판으로 반사시켜야 해. 달과 스넬리우스의 거울을 각각 하나의 점이라고 생각해 봐. 법선을 기준으로 한쪽 점에서 네 거울로 빛이 들어왔다가, 같은 각도로 빛이 반사되어 다른 점에 도착하는 거야."

빛나가 조금씩 고개를 끄덕였다.

각도로 밝혀라 빛!

"정말 오빠가 농구공 튀기는 것과 비슷하구나. 한번 각을 맞춰 볼게!"

빛나는 거울에 들어온 달빛이 정확히 스넬리우스의 거울로 들어 가도록 거울을 조금씩 틀었다.

"아이고, 눈부셔! 됐다. 빛나는 그대로 멈춰라. 내 거울로 달빛이 들어왔어. 이제 내가 향이의 거울로 빛을 반사시키마."

이번에는 스넬리우스가 거울을 조금 틀어 내 거울로 달빛을 반사 시켰다. 나는 유적의 문 구멍에 빛이 들어가도록 내 거울을 움직였

다. 우리는 빛나의 거울에서 반사된 달빛이 스넬리우스의 거울로,
그리고 그 달빛이 내 거울로 반사되었다가 다시 문으로 반사되는
모습을 따라 눈을 굴렸다.

'드르르르.'

내 거울에서 반사된 달빛이 문 쪽을 비췄다. 성공했다고 생각한
순간, 갑자기 바닥이 울리고 흙먼지가 일기 시작했다.

"그 구멍이 아니잖느냐!"

스넬리우스가 외치는 말을 듣고 나는 빛이 향한 구멍을 보았다. 그

구멍은 스넬리우스가 말한 곳 바로 위에 있는 다른 구멍이었다. 반사되는 각은 이해했지만 각을 정확하게 재지 않은 나의 실수였다.

"으앗!"

짧은 비명이 들리더니 돌바닥이 아래로 꺼지면서 빛나가 땅 아래로 떨어졌다.

"빛나야!"

나의 외침과 함께 스넬리우스도 땅 밑으로 가라앉았다. 그리고 곧바로 내 발밑의 돌바닥도 아래로 무너지고 말았다.

도전! 빛의 나라 퀴즈 2

바나나 한 송이를 가운데 두고 두 거울 사이의 각도를 60도로 좁히자 거울 속 바나나가 다섯 송이로 보였습니다. 두 거울 사이에 사탕 4개를 두고 각도를 60도로 좁히면 두 거울에 몇 개의 사탕이 비춰질까요?

반사의 마법, 만화경

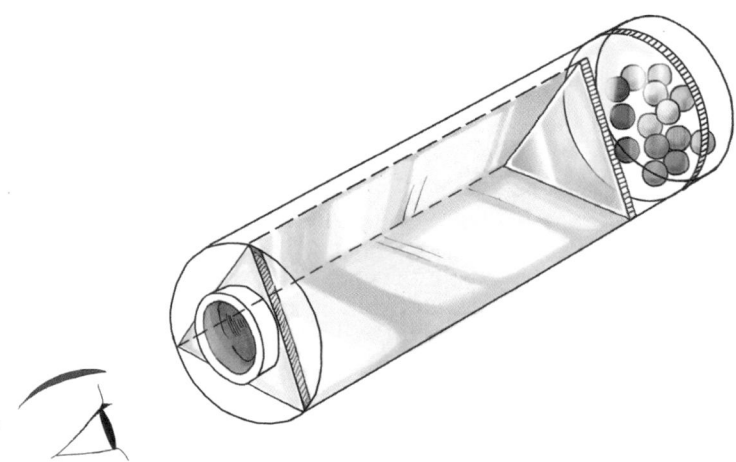

　양 측면에 거울이 있는 엘리베이터에 타 본 적이 있나요? 거울 안에 나의 앞모습과 뒷모습이 무수히 보입니다. 거울에 맺힌 상이 맞은편 거울에 반사되고, 맞은편 거울에서 이것이 또다시 반사되기 때문이에요. 마주 보는 거울이 서로 빛을 반사하고 또 반사하여 셀 수 없이 많은 상을 만드는 것이지요.

　두 개의 평면거울을 한쪽 벽에 나란히 두면 어떨까요? 마주 보지 않는 두 거울은 각각 하나의 상만 비춥니다. 두 거울이 같은 방향을 비추고 있으면 하나의 거울이 다른 거울을 비출 수 없으니까요. 이때 두 거울의 한쪽 모서리를 맞붙이고 거울 사이의 각도를 조금씩 좁히면 반사의 마법이 시작됩니다.

한쪽 모서리를 붙이고 나란히 세우면, 두 거울은 180도를 이룹니다. 이때 두 거울 사이에 물체를 놓고 각도를 서서히 좁혀 보세요. 120도일 때는 물체가 2개로 비춰지지만, 90도까지 좁히면 거울이 맞붙은 곳에 상이 하나 더 생겨 3개가 됩니다. 각을 더 좁히면 72도에서는 4개, 60도에서는 5개가 보여요. 각도가 줄어들수록 점점 반사되는 상이 늘어나죠.

거울의 반사를 이용해 만든 대표적인 기구가 바로 만화경입니다. 만화경 중 가장 간단한 형태는 거울 3개를 삼각기둥 모양으로 붙여 만듭니다. 같은 크기의 직사각형 거울을 삼각기둥 모양으로 붙이면 단면이 정삼각형을 이루지요. 정삼각형은 안쪽 각이 모두 60도입니다. 즉, 3개의 거울이 서로 60도를 이루고 마주 보게 됩니다. 한쪽 끝에 유리구슬을 넣으면 어떤 일이 생길까요? 당연히 마주 보는 3개의 거울에서 유리구슬의 상이 반사됩니다. 만화경 안에 수없이 많은 상이 생기는 까닭을 알겠지요?

3
원기둥 거울 속 사자

나는 머리에 쌓인 흙먼지를 털어 내며 빛나를 찾았다. 그러나 보이는 것이라고는 좁고 어두운 통로뿐이었다.

'얼마나 깊이 떨어진 거지? 빛나와 스넬리우스는 어디로 갔을까?'

큰 소리로 빛나를 부르고 싶었지만, 어둠 속에 뭐가 있을지 몰라 겁이 났다. 나는 우선 숨을 죽이고 조금씩 앞으로 걸었다. 통로 깊숙이 들어가니 달빛마저 들어오지 않았다. 나는 바위 틈새로 들어오는 흐린 빛줄기에 의지해 벽을 짚으며 계속해서 앞으로 나아갔다.

'어디까지 가야 하지? 빛나와 스넬리우스는 어디로 떨어졌을까?'

한참을 걷자 어느 순간 손바닥에 닿던 벽이 사라졌다. 좁은 통로가 끝난 것이었다. 나는 바닥을 손으로 짚고 기듯이 앞으로 나아갔

69

다. 잠시 후 어둠이 눈에 익자 내가 있는 곳의 형체가 서서히 드러났다. 그곳은 돌을 쌓아 만든 넓은 방이었다. 벽 중간 중간에 여러 개의 통로 입구가 있었다. 내가 들어온 통로도 수많은 통로 중 하나였다. 마치 돌로 만든 벌집 같았다. 그때 멀리서 발소리가 들려왔다. 나는 용기를 내어 크게 말했다.

"누…… 누구세요?"

나의 말에 발소리가 점점 빨라지더니 뛰듯이 다가오기 시작했다.

'다다다닷! 탁!'

발소리가 내 앞까지 왔을 때 나는 그만 비명을 지르고 말았다.

"으아아아악!"

"앗, 깜짝이야! 나야, 오빠."

빛나가 내 어깨를 붙잡으며 말했다. 빛나인 걸 알고 나자 안도의 한숨이 나왔다.

"어, 스넬리우스는?"

"나도 못 봤어. 우리랑은 다른 곳에 떨어진 것 같아. 그런데 오빠, 여기 아무래도 미로 같아. 그치?"

나는 고개를 끄덕이며 빛나의 손을 잡았다. 솔직히 어둠이 너무 무서웠다.

"얼른 스넬리우스부터 찾자. 음, 이 중에 어느 길로 가야 하지?"

나와 빛나는 수십 개의 통로 이곳저곳 살피기 시작했다. 그런데

각도로 밝혀라 빛!

갑자기 꼬마 아이의 목소리가 들렸다.

"애들아, 애들아."

우리는 동시에 소리가 난 곳을 보았다. 한 통로 입구에 귀가 뾰족한 난쟁이가 앉아 있었다.

"넌 누구야?"

빛나가 물었다.

"난 '아돌프'라고 해. 이곳은 아무나 올 수 있는 곳이 아닌데, 어떻게 온 거니?"

"빛의 구슬 조각을 찾다가 이곳에 빠지고 말았어. 나는 '빛나', 저쪽은 우리 오빠 '향이'야. 너는 여기에 사니?"

"아니야. 사실 나는 빛의 나라 시민이었어. 어둠의 마법사가 무서워서 여기 숨어 있었지. 굴 속 미로는 우리 난쟁이들이 만들었어."

"그럼 넌 이 미로를 잘 알겠네?"

내가 아돌프에게 물었다.

"물론이지."

아돌프는 자랑하듯이 가슴을 내밀며 대답했다.

"그럼 우리 좀 도와줄래? 사실 마법사 할머니가 우리와 함께 떨어졌는데 어디에 계시는지 모르겠어."

아돌프는 고개를 끄덕이며 다른 통로로 우리를 안내했다. 아돌프의 뒤를 따라가던 우리는 커다란 거울이 놓인 미로 입구에 다다랐다.

"여기는 거울 미로야. 이제부터 내 등만 보고 따라와야 해. 거울에 보이는 대로 따라가면 길을 잃어버리고 말 거야. 자칫하다간 낭떠러지로 향할 수 있으니 조심하고."

아돌프는 빠르게 말하고는 거울 미로 안으로 폴짝 뛰어 들어갔다. 미로 안은 온통 커다란 거울 벽뿐이었다. 돌 틈으로 들어온 희미한 달빛이 나와 빛나의 모습을 거울에 반사시켰다.

"빛나야, 나를 놓치면 안 돼. 거울이 여러 개라서 반사되는 상이 너무 많아."

각도로 밝혀라 빛!

거울이 많아서
눈앞이 어지러워.

빛나에게 당부했지만, 나도 내가 어디에 있는지 헷갈리기 시작했다. 앞에도 옆에도 위에도 우리의 모습이 아른거렸다. 거울에 비친 모습이 다른 거울에 반사되어, 가만히 서 있어도 눈앞이 어지러웠다. 나는 주변을 둘러보지 않으려고 애쓰면서 아돌프를 따라 계속 미로 속을 뛰었다. 아돌프의 걸음이 얼마나 빠른지, 조금만 천천히 걷다가는 놓칠 것 같았다.

"아돌프! 조금 천천히 가. 너무 빠르잖아."

크게 외쳤지만 아돌프는 내 목소리를 못 들은 듯 계속 빠르게 앞서 갔다.

　갑자기 아돌프가 우리를 향해 뒤돌아섰다.

　"거의 다 왔어!"

　짧은 말을 남기고 아돌프는 또 달려가 버렸다. 순간 우리는 아돌
프를 놓치고 말았다.

　"어디 갔지?"

　"사라졌어."

　우리는 한동안 그 자리에 가만히 서
있었다.

　"오빠, 우리 이대로 거울
미로에 갇히면 어떻게 해?
집에 못 가는 거야?"

　빛나가 울먹이며 말했다.

　"괜찮아, 방법이 있을 거야."

거울 미로에
갇히면
어떻게 해?

　빛나를 달랬지만, 나 역시 어지러운 미로를 어떻게 빠져나가야 할
지 알 수 없었다. 그때 멀리서 아돌프가 콧노래를 부르는 소리가 들
렸다. 빛나가 나를 돌아보고 말했다.

　"아까 오빠가 컴컴한 통로에서 '누구세요?' 하고 소리쳤잖아. 그
때 나는 오빠 목소리가 들리는 곳을 향해 뛰었어. 우리, 저 노랫소
리를 따라가자."

각도로 밝혀라 빛!

"좋은 생각이야! 눈이 어지러우니까 거울 벽을 손으로 짚고 걸어가자. 아까 나는 손으로 벽을 더듬으면서 어두운 통로를 빠져나왔어."

"그럼 아예 눈을 감으면 되겠네. 여기선 눈보다 손을 믿는 게 더 안전할 것 같아."

나는 빛나의 아이디어에 감탄하면서 눈을 감았다. 여러 개의 거울에 비친 수많은 우리의 모습을 보지 않으니 손의 감각만으로 천천히 길을 찾을 수 있었다. 가끔씩 들리던 아돌프의 노랫소리가 어느새 가까워졌다.

"빠져나왔다!"

빛나가 신나서 소리쳤다. 미로의 출구에 아돌프가 비스듬히 서 있었다. 빛나는 아돌프를 보자마자 다짜고짜 소리쳤다.

"아돌프! 그렇게 빨리 가면 어떻게 해? 거울 미로에 꼼짝없이 갇힐 뻔했어!"

"아, 너희는 키가 커서 빨리 올 줄 알았지. 미안해."

아돌프가 시무룩한 표정으로 말했다.

"아냐. 이제 괜찮으니까 어서 가자."

나는 풀이 죽은 아돌프를 달래 주었다. 빛나는 여전히 뾰로통한 표정이었다. 우리는 불빛이 어른거리는 통로 끝으로 다가갔다. 아돌프가 멈춰 서서 작은 목소리로 말했다.

"이 통로를 지나면 유적을 지키는 사자 한 마리가 있어."

"사자?"

우리가 놀라자 아돌프가 고개를 저으며 말을 이었다.

"순한 양 같은 사자니까 걱정하지 않아도 돼. 하지만 나는 그 사자와 사이가 나빠서 더는 못 가. 그 사자 뒤에 문이 하나 있는데, 그곳으로 나가면 너희가 말한 마법사 할머니를 만날 수 있을 거야. 나는 급한 일이 있어서 이만……."

아돌프는 우리가 인사할 틈도 주지 않고 온 길로 재빨리 되돌아갔다.

"우리도 가자."

나와 빛나는 아돌프가 일러 준 대로 사자가 있다는 방으로 걸어갔다. 횃불이 벽 곳곳에 꽂혀 있어서 방 안이 환했다. 하지만 그 안은 엉망이었다. 바닥에서 천장까지 이어진 돌벽 군데군데가 부서져 있었고 바닥에는 깨진 거울 조각투성이였다. 바닥 한구석에는 누군가 일부러 그린 듯한 낙서가 있었다. 하지만 그 어디에도 사자는 보이지 않았다. 우리는 반대편에 커다란 돌문이 있는 것을 발견하고 그리로 다가갔다.

"으르렁! 난 이 유적의 수호신 '거울 사자'다! 이 앞으로는 한 발짝도 지나갈 수 없다. 누구든 그냥 지나가면 먹어 치워 버리겠다."

돌문 앞에 거의 다 왔을 때 사자의 울음소리와 말소리가 울려 퍼졌다. 나와 빛나는 깜짝 놀라 몸을 웅크리고 주위를 둘러보았다. 하

각도로 밝혀라 빛!

지만 주변에는 아무것도 없었다.

"뭐지? 유…… 유령?"

나는 덜컥 겁이 나서 빛나에게 바싹 다가섰다. 이런 나의 모습이 우스웠는지 목소리의 주인공이 우리를 놀려 댔다.

"으하하하! 바로 곁에 두고도 찾지 못하는구나."

"어디 있는 거야? 숨어 있지 말고 어서 나와!"

빛나는 참지 못하고 발을 구르며 소리를 질렀다.

"으악, 아파! 지금 발로 날 밟고 있잖아!"

그 소리에 빛나는 자신의 발밑을 살폈다. 하지만 그곳에는 낙서로

얼룩진 돌바닥뿐이었다.

"거짓말쟁이 사자! 어디 있다는 거야? 내 발밑에는 아무것도 없다고."

"정말이다! 나는 네 발 아래 있다."

"뭐? 그럼 이 돌바닥이 너니?"

빛나가 물었다. 사자의 목소리가 대답했다.

"그래. 돌바닥에 그려진 그림을 잘 봐."

"그림? 그냥 낙서 아니야?"

우리는 바닥에 이리저리 그려진 선들을 찬찬히 살폈다. 하지만 그건 사자라고 할 수 없는 이상한 모습이었다.

"풋! 이게 뭐야? 너 되게 이상하게 생겼구나."

빛나가 참지 못하고 웃음을 터뜨렸다. 그러자 갑자기 사자의 목소리가 큰 소리로 울어 댔다.

"으아아아앙. 그래, 지금은 내 모습이 이상해! 하지만 거울이 깨지기 전까지만 해도 난 늠름하게 이곳을 지키는 수호신이었다고!"

그 소리가 너무 시끄러워 우리는 두 손으로 귀를 막아야만 했다.

"윽, 제발 울지 마, 사자야. 무슨 일이 있었던 거야?"

나는 귀를 막은 채로 사자를 달랬다. 잠시 후 사자가 울음을 그치고 말했다.

"몇 년 전에 일어난 지진 때문이야. 유적이 심하게 흔들리고 내가

각도로 밝혀라 빛!

살던 거울 기둥이 부서져 버렸지."

"저 거울 조각이 그 기둥이었나 봐."

빛나가 바닥에 흩어진 거울 조각을 가리키며 말했다. 사자의 말이 거짓은 아닌 것 같았다.

"그런데 서울 기둥에 살았다고?"

"그래. **내가 다른 사람에게 제 모습으로 보이려면 원통 모양의 거울 기둥이 필요해. 그림 위쪽에 거울 기둥을 세우면 거기에 나의 멋진 모습이 나타나거든.** 나는 그 모습으로 거울 기둥에 살며 이곳을 지켜 왔지."

거울 사자의 목소리가 흔들렸다.

"거울 기둥에 뭐가 나타난다는 걸까? 믿을 수 없어."

빛나가 고개를 흔들며 나에게 속삭였지만, 나는 울먹이는 사자의 목소리를 모른 척할 수 없었다.

"어떻게 도와주면 네 모습이 돌아오는데?"

말이 떨어지기가 무섭게 밝은 목소리가 들렸다.

"날 도와주려고? 정말? 고마워! 너희들이 내 모습을 찾아 준다면 저 무거운 돌문을 열어 줄게."

우리에겐 나쁘지 않은 제안이었다. 그렇지만 저 낙서가 사자의 모습이 된다는 건 여전히 믿기지 않았다. 빛나도 나와 같은 생각을 한 듯 고개를 갸우뚱하며 말했다.

"근데 이상해. 이건 전혀 사자의 모습이 아닌데, 거울에 비추어도 똑같지 않을까?"

사자가 다급한 목소리로 말했다.

"그냥 거울이 아니고 거울 기둥! 평평한 거울로는 나를 볼 수 없어. 내가 살던 거울은 긴 기둥 모양의 볼록한 거울이었어."

"아하, **원기둥 거울을 말하는 거구나!**"

나는 손바닥을 탁 하고 마주치며 말했다.

"원기둥 거울?"

빛나가 궁금한 얼굴로 물었다.

"응. 볼록 거울이랑 조금 비슷해. 우리가 평소에 보는 거울과는 다르게 거울 면이 앞으로 튀어나왔어."

"평평한 거울로 보는 거랑 뭐가 다른 거야?"

빛나가 계속 물었다.

"그러니까…… **평면거울에서는 보이지 않던 주변 모습까지 보여.**"

"어떻게?"

"음, 넓은 풍경이 좁게 모여 보이기 때문이야."

"정말? 왜 그렇게 되는데?"

빛나의 질문이 멈추지 않자 내 이마에 식은땀이 송골송골 맺혔다.

"**빛이 반사되는 각이 다르기 때문이지!**"

돌문 뒤의 주먹만한 틈에서 스넬리우스의 목소리가 들려왔다.

각도로 밝혀라 빛!

"스넬리우스!"

우리는 반가운 마음에 틈새로 다가갔다. 하지만 스넬리우스의 한쪽 눈밖에 보이지 않았다.

"거울 사자야, 지금 돌문을 치워 주면 안 되겠니? 밖에 있는 마법사 할머니가 널 도울 수 있을 거야."

빛나가 말했다.

"미안하지만 그럴 수 없어. 난 이 유적의 수호자야. 아무 대가 없이 길을 비켜 주었다가는 천벌을 받고 말 거야."

거울 사자가 어쩔 수 없다는 듯 말했다. 이제 빛나와 나 둘이서 해결하는 수밖에 없었다. 나는 큰 소리로 스넬리우스에게 물었다.

"어떻게 해야 하죠, 스넬리우스? 깨진 원기둥 거울을 원래대로 만들 수는 없잖아요."

스넬리우스가 돌 틈으로 대답했다.

"원기둥 거울이 없으면 비슷한 거라도 만들어야지! 원기둥 거울의 특징을 먼저 파악하거라."

"원기둥 거울의 특징요?"

돌 틈새로 스넬리우스의 한숨 섞인 목소리가 흘러나왔다. 우리는 스넬리우스의 말에서 힌트를 얻기 위해 틈새 가까이 귀를 댔다.

"에잉, 이 녀석들을 도대체 누가 불렀는지······. 우리가 처음 이곳에 들어오려 했을 때 무얼 이용했는지 기억하니?"

"거울의 반사요!"

우리가 입을 모아 대답했다.

"그래. 평면거울은 법선을 기준으로 들어오는 빛과 나가는 빛의 각도가 같다. 기억나지?"

스넬리우스는 우리의 대답을 기다리지도 않고 말을 이었다.

"표면이 볼록한 거울은 표면이 둥글게 튀어나와 있기 때문에 빛과 법선의 각이 크다. 따라서 반사되는 각도 커지지. 헥헥."

"네? 무슨 말인지 잘 모르겠어요."

각도로 밝혀라 빛!

빛나가 어리둥절한 표정으로 말했다. 나도 마찬가지였다. 스넬리우스는 지쳤는지 더 이상 말이 없었다. 그때 거울 사자의 목소리가 들려왔다.

"너희들 숟가락의 볼록한 면에 얼굴을 비춰 본 적 있어?"

사자의 엉뚱한 말에 빛나가 대답했다.

"당연하지. 얼굴이 일그러져 보이잖아."

"큰 물체가 작게 보여."

우리의 대답을 듣고 거울 사자가 말을 이었다.

"그래. 너희들이 아는 **숟가락의 볼록한 면이 바로 볼록 거울이야. 가운데가 볼록하게 튀어나와 있기 때문에 평면거울로는 안 보이던 부분도 볼 수 있어.**"

볼록하니까 옆에 있는 곳까지 비춰지네.

"맞아. 도로의 모퉁이 있는 볼록 거울을 보면 모퉁이 반대편 길도 보여."

내가 말을 보태자 사자가 반가운 목소리로 말했다.

"꼬마, 뭘 좀 아는구나. 평면거울에는 거울 앞에 있는 사물만 비춰지는데, 볼록 거울은 가운데가 튀어나와서 거울 옆에 있는 물체까지 비추지. 그래서 사물이 작게 보이고."

빛나가 고개를 끄덕였다.

"그래서 원래 모습이랑 다르게 보였던 거구나. 이제 알 것 같아! 저 이상한 낙서도 볼록한 원기둥 거울로 비추면 다르게 보일 거야."

그리고 보니 바닥의 낙서에 어렴풋이 사자의 모습이 보였다. 원기둥 거울에 비춰 보면 정말 괜찮은 모습이 나타날지도 몰랐다.

"그럼 어서 원기둥 거울을 구해 오자!"

신이 나서 소리쳤지만, 방 안에 있는 건 깨진 거울 조각들뿐이었다.

"어떡하지? 거울 조각을 다시 이어 붙여야 하나?"

"이건 어떠냐?"

스넬리우스의 목소리였다. 스넬리우스가 돌 틈으로 쿠킹 호일을 건넸다.

"쿠킹 호일이잖아!"

나는 반가워하며 말했다.

이건 어떠냐?

각도로 밝혀라 빛!

엄마가 주방에서 고구마를 구울 때 쓰시던 그 쿠킹 호일이었다. 가까이 들여다보니 흐릿하게나마 내 얼굴이 비춰졌다. 매끈한 면을 거울 대신 쓸 수 있을 것 같았다.

"그걸 세우면 바닥의 그림이 비춰질 거다."

"맞아. **원기둥 거울이랑 똑같네!**"

"으르렁! 내가 살던 곳과 비슷하구나!"

우리는 누가 먼저랄 것도 없이 서둘러 쿠킹 호일을 가져다 낙서 위쪽에 세웠다. 바닥에 있는 그림이 둥글게 튀어나온 쿠킹 호일 표면에 비춰지면 새로운 모습이 될 것 같았다. 하지만 쿠킹 호일에 비해 바닥의 낙서가 너무 컸다.

"더 큰 쿠킹 호일이 필요해."

내 목소리를 들었는지 스넬리우스가 주문을 외는 소리가 났다.

"쵸키쵸키! 커져라, 쿠킹 호일!"

그러자 쿠킹 호일이 단숨에 우리 키보다 커졌다. 아무래도 스넬리우스는 물체를 크게 키우는 마법을 좋아하는 것 같았다.

"으르렁! 내 그림 위쪽에다 갖다 놓아라. 아니, 좀 더 왼쪽. 그래, 거기."

우리는 사자의 지시에 따라 커진 쿠킹 호일을 알맞은 위치에 가져다 놓았다. 그러자 신기한 일이 생겼다. 정말 쿠킹 호일 안에 늠름한 사자의 모습이 비춰진 것이다. 쿠킹 호일과 가까운 곳의 상은 크게,

각도로 밝혀라 빛!

먼 곳의 상은 작게 맺혀서 전혀 새로운 그림이 되었다.

"와! 거짓말이 아니었구나. 정말 멋진 사자네."

빛나가 감탄하며 말했다.

"정말 고마워, 얘들아! 내가 이날을 얼마나 기다렸는지 몰라."

거울 속 사자는 흐뭇해하며 앞발을 세게 두 번 굴렀다.

'쾅쾅!'

"이제 돌문을 열어 줄게."

그러자 거대한 돌문이 서서히 움직이며 스넬리우스의 모습이 보였다. 거울 사자는 우리가 나간 것을 확인하고 다시 앞발을 두 번 굴렀고, 쿵 하는 소리와 함께 돌문이 닫혔다.

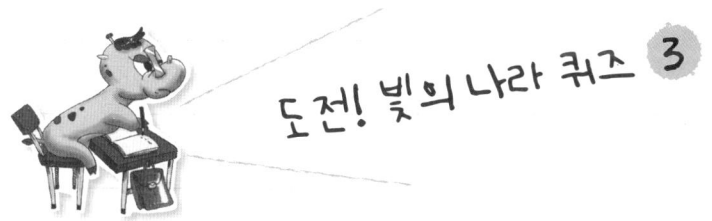

도전! 빛의 나라 퀴즈 3

돌바닥에 그려진 낙서 같은 그림이 원기둥 거울에는 사자의 모습으로 비춰졌습니다. 만약 돌바닥에 그려진 그림을 정면에서 평면거울로 비추면 어떻게 보일까요?

원기둥 거울은 평면거울을 길게 말아 세운 모양입니다. 앞으로 튀어나온 볼록 거울과 조금 달라요. 좌우는 볼록 거울이고 상하는 평면거울이라고 할 수 있지요. 그래서 볼록 거울과도 평면거울과도 다른 특이한 상이 맺힙니다.

바닥에 그림을 놓고 그 옆에 원기둥 거울을 세워 보세요. 원기둥 거울과 가까운 부분은 실제 그림보다 크게 비춰집니다. 반대로, 거울과 멀리 떨어진 부분은 실제 그림보다 작게 기둥의 위쪽에 비춰져요. 그래서 원기둥 거울로 보면 위아래가 뒤집히고 폭이 뒤바뀐 상이 맺힙니다. 이런 성질을 거꾸로 이용하면 원기둥 거울로만 볼 수 있는 재미있는 그림을 그릴 수 있어요. 그림을 부채꼴 모양으로 늘려서 그리면 됩니다. 함께 그려 볼까요?

하나. 종이 2장, 연필, 컴퍼스, 각도기, 자를 준비해요.

둘. 종이에 한 점을 찍고 그 점을 중심으로 1cm 간격으로 반원을 7개

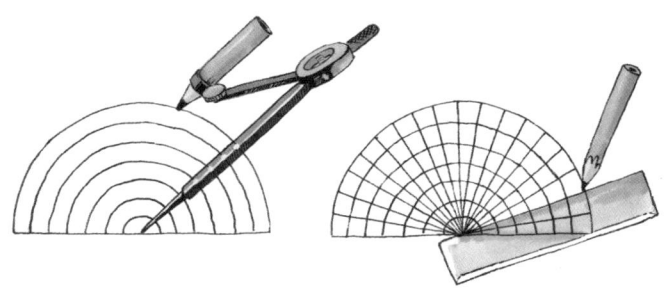

그립니다.

　셋. 각도기를 이용해서 가장 큰 반원에 10도 간격으로 눈금을 표시해요. 자로 중심점과 눈금을 연결하여 그으면 부채꼴 모눈 칸이 완성됩니다.

　넷. 가로 7줄, 세로 19줄인 모눈 칸에 그리고 싶은 그림을 그려요.

　다섯. 모눈 칸에 그린 그림을 칸을 맞추어 부채꼴 모눈 칸에 옮겨 그립니다.

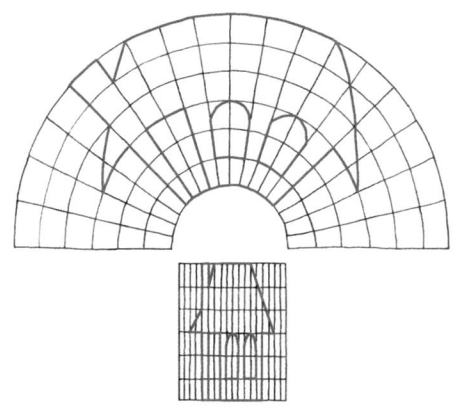

　부채꼴 모눈 칸에 그린 그림은 원래 그림과 다르죠? 하지만 이렇게 부채꼴로 늘린 그림을 원기둥 거울에 비춰 보면, 원래 직사각형의 모눈 칸에 그렸던 모습을 볼 수 있답니다.

4
보이지만 진짜가 아냐

돌문이 열리고 나타난 공간 역시 또 다른 방이었다. 우리는 반가운 마음에 그 방에서 우릴 기다리던 스넬리우스에게 달려갔다. 하지만 스넬리우스는 등을 홱 돌리더니 지팡이로 방의 한쪽 구석을 가리켰다. 길쭉한 돌기둥 위에 UFO처럼 접시 두 개를 맞붙여 둔 물체가 놓여 있었다. 스넬리우스가 물체에 지팡이를 가까이 댈수록 지팡이 끝이 점점 밝아졌다.

"저 안에 첫 번째 빛의 구슬 조각이 있는 게 확실하군."

나와 빛나는 정체를 알 수 없는 그 물체를 들여다봤다. 자세히 보니 둥근 접시 하나를 밑에 놓고 그 위에 구멍이 난 둥근 접시를 엎어 놓은 것 같았다. 그리고 신기하게도, 그 구멍 위 허공에 반짝이는 빛의 구슬 조각이 떠 있었다.

"스넬리우스, 저게 빛의 구슬 조각이에요?"

"그래, 맞긴 한데…… 왜 공중에 떠 있지?"

스넬리우스와 내가 잠깐 생각하는 동안 빛나가 빛의 구슬 조각에 손을 댔다. 하지만 빛나의 표정이 이상했다.

"어? 안 잡혀."

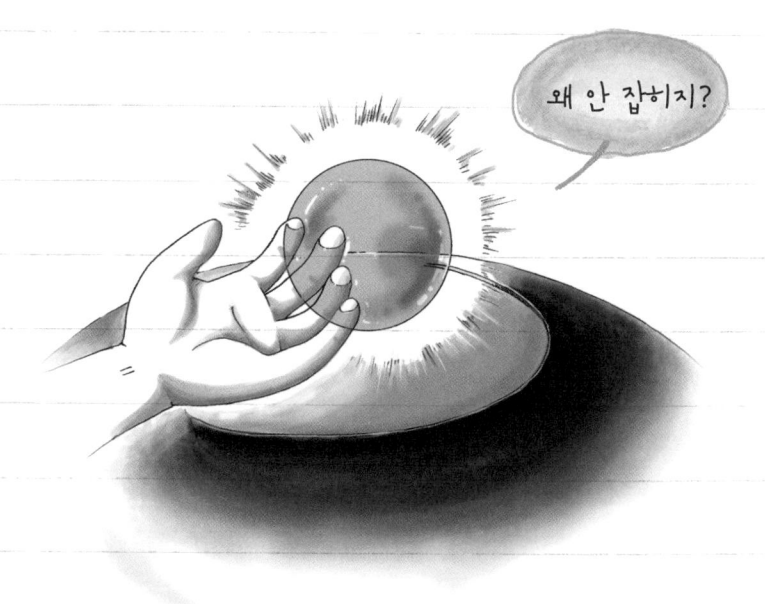

왜 안 잡히지?

나는 빛나가 장난을 치는 줄 알고 빛나 손끝에 닿은 빛의 구슬 조각을 가까이에서 들여다봤다. 빛나가 장난을 치는 게 아니었다. 손이 스쳐도 빛의 구슬 조각은 그 자리에 그대로 있었다. 손을 휘저을수록 주변에 먼지만 날릴 뿐이었다.

각도로 밝혀라 빛!

"보이는데, 없어. 이거 3D 홀로그램이에요?"

빛나가 뒤돌아서 스넬리우스에게 물었다.

"홀로그램이 뭐냐?"

거울 세계에 아직 디지털 기술이 발달되지 않았는지, 스넬리우스는 눈을 찌푸리며 빛나를 보았다.

"음…… 빛을 이용해서 없는 물체가 있는 것처럼 보이게 하는 거예요."

"신기루를 말하는 거냐?"

"약간은 비슷해요. 눈앞에 보이지만 잡히지 않는 환상이니까요."

내 말에 스넬리우스가 고개를 끄덕였다.

"그래, 저 둥근 물체가 가짜 상을 만들어 내는 것 같아. 접시 안쪽은 분명 거울일 거다."

"접시 안이 거울이라고요? 그럼 오목한…… 오목 거울?"

빛나가 어디서 들었는지 오목 거울을 떠올렸다. 나는 놀라서 빛나에게 물었다.

"빛나야, 어떻게 알아?"

"볼록하면 볼록 거울이니까, 오목하면 오목 거울이겠지."

"하하, 빛나가 보통이 아니구나."

스넬리우스가 마법으로 허공에 그림을 그리며 말을 이었다.

"잘 봐라. 오목 거울은 가운데가 움푹 파여 있어. 그래서 오목 거

울 가운데에 물체를 놓고 구멍이 뚫린 오목 거울을 그 위에 뒤집어
덮으면……"

스넬리우스가 그린 그림은 두 접시의 내부였다. 스넬리우스는 빛
이 어떻게 반사되는지도 함께 그려 넣었다.

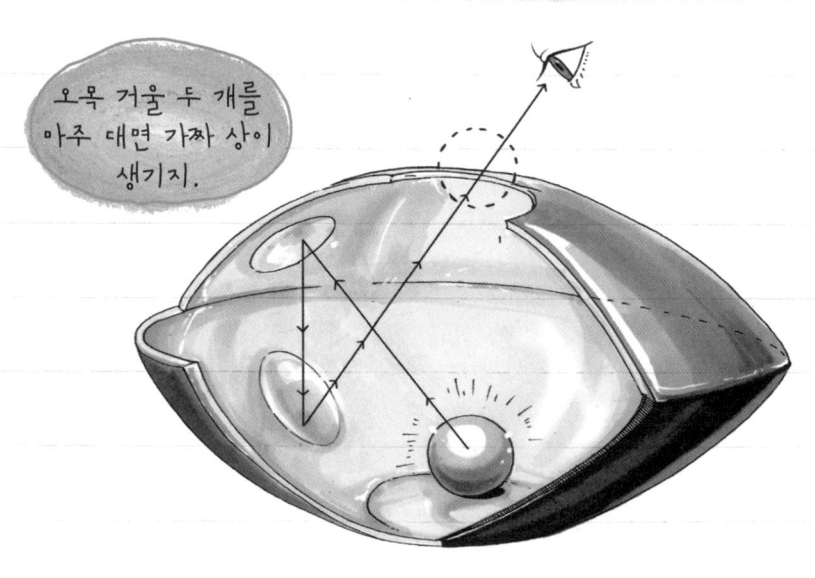

오목 거울 두 개를
마주 대면 가짜 상이
생기지.

"오목 거울은 볼록 거울과는 반대로 반사각이 작기 때문에 빛이
이런 경로로 반사된다. 그래서 **구멍 위로 두 오목 거울에 반사된 상
이 맺혀 우리의 눈으로 들어오게 되지.**"

우리는 빛이 반사되는 경로를 따라 눈을 돌렸다.

각도로 밝혀라 빛!

"와, 신기하다! **우리 눈에 보이는 건 가짜였네요.**"

나는 빛나의 말을 듣고 구멍 안에 손을 집어넣었다. 오목 거울 안에 있는 진짜 빛의 구슬 조각을 찾기 위해서였다.

"기다려라!"

갑자기 스넬리우스가 내게 소리쳤다. 나는 깜짝 놀라 손을 멈췄다.

"왜 그러세요?"

"함정이 있을 수 있으니 조심해야지!"

"함정이오?"

나는 급히 손을 빼다가 그만 위쪽 접시를 건드리고 말았다. 그러

자 위쪽 접시가 뚜껑이 열리듯 떨어졌다.

"으앗……."

마치 정지 버튼을 누른 것처럼 우리는 모두 그 자리에서 얼어 버렸다. 그리고 어떤 함정이 작동될지 몰라 식은땀을 흘리며 기다렸다.

"뭐야, 아무 일도 일어나지 않잖아?"

몇 초 뒤 먼저 말문을 연 건 빛나였다. 빛나의 말대로, 뚜껑을 열었지만 어떤 일도 생기지 않았다. 그제야 나는 떨어진 접시를 집어 들고 안쪽을 살폈다. 스넬리우스의 추측대로 안쪽이 모두 거울이었다. 나는 감탄하며 스넬리우스를 쳐다봤다.

"스넬리우스, 대체 어떻게 알았어요?"

"내가 그 정도도 모를 것 같냐? 나는 사실 빛의 나라 여……, 아니, 빛의 나라 시민이라니까!"

나는 괜한 걸 물었다고 생각하며 돌기둥 위에 붙어 있는 접시로 다가갔다. 역시 오목 거울이었다. 예상대로 거울 한가운데에 진짜 빛의 구슬 조각이 있었다. 스넬리우스는 조심히 빛의 구슬 조각을 들어 소맷자락 안에 넣었다.

"오빠, 이 거울 좀 봐."

빛나는 빛의 구슬 조각이 있던 오목 거울 한가운데에 고개를 들이밀고 있었다.

"히힛, 내 눈이 엄청 크게 보여. 꼭 외계인 같아."

각도로 밝혀라 빛!

빛나의 말대로 오목 거울에 비춰 보니 내 얼굴이 크게 보였다. 스넬리우스가 우리 뒤로 다가오며 말했다.

"**안으로 움푹 들어갔으니 볼록 거울과는 반대로 좁은 면을 크게 비추는 거지.** 크게 보이는 것 말고도 오목 거울에는 신기한 특징이 하나 더 있다."

"저요! 알 것 같아요! 조금 멀리 떨어져서 보면 위아래가 뒤집혀서 보여요."

빛나가 손을 번쩍 들며 말했다.

"숟가락의 오목한 면에 얼굴을 비추면 거꾸로 보이거든요. 오목 거울도 똑같죠?"

"그래, 맞다. **오목 거울로 멀리서 물체를 비추면 물체의 아래위가**

오목한 숟가락에는
내 모습이 거꾸로.

뒤집혀 보인다. 관찰력이 좋구나."

'쿠궁!'

스넬리우스의 말이 끝나기 무섭게 빛의 구슬 조각이 있던 돌기둥이 아래로 가라앉기 시작했다. 천장에서 돌 조각 하나가 바닥으로 뚝 떨어졌다. 저주인지 축복인지, 빛의 구슬 조각을 찾은 대가임이 틀림없었다. 돌 조각이 떨어져 뚫린 천장에서 낡은 나무 사다리가 서서히 내려왔다. 저 나무 사다리를 타면 바깥으로 나갈 수 있을 것 같았다.

"이제 나갈 수 있어!"

"천장이 곧 좁아질 거다. 너희가 먼저 사다리에 오르렴!"

나는 제일 먼저 나무 사다리에 손을 뻗었다. 그런데 그 순간, 거울 사자의 방으로 통하는 돌문 위쪽 구멍으로 아돌프가 고개를 쏙 내밀었다.

"와! 너희들이 빛의 구슬 조각을 찾아낼 줄이야! 대단한걸."

아돌프는 비웃듯이 말하며 우리에게 다가왔다.

"뭐야, 문 위에 다른 통로가 있었던 거야? 왜 미리 말해 주지 않았어?"

빛나가 고개를 갸우뚱하며 말했다.

"저 난쟁이는 누구냐? 아는 사이냐?"

마법사 할머니는 아돌프를 노려보며 나에게 물었다.

각도로 밝혀라 빛!

"네. 빛의 나라에 살았는데 어둠의 마법사를 피해 이곳으로 숨었대요. 저희를 이리로 안내해 줬어요."

내가 말했다.

"무슨 소리냐? 빛의 나라에는 난쟁이가 살지 않아. 그림자 나라라면 몰라도."

"정말요?"

나와 빛나는 놀라서 아돌프를 바라봤다. 아돌프는 빠른 걸음으로 우리 쪽으로 다가오고 있었다. 내가 먼저 아돌프에게 물었다.

"아돌프, 우리에게 거짓말을 한 거야?"

"내가 거짓말을? 아냐, 난 그런 짓을……."

아돌프는 억울하다는 표정을 지으며 우리를 지나쳐 빛의 구슬 조각이 있던 돌기둥으로 다가갔다.

"그런 짓을…… 했지!"

아돌프는 갑자기 표정을 바꾸고 기둥 근처의 돌판을 세게 밟았다. 그러자 땅이 무너질 듯 흔들리기 시작했다.

"아…… 아돌프, 너!"

"거울 사자가 잘 처리할 줄 알았는데, 착해 빠진 멍청한 사자였다니……."

아돌프는 우리를 쳐다보며 중얼거렸다.

"뭐야, 아돌프, 우리를 속인 거야?"

내 외침에도 아돌프는 아랑곳하지 않고 크게 웃으며 말했다.

"그래, 푸하하. 나는 빛의 나라의 피난민이 아냐. 어둠의 마법사 아쩹 님의 오른팔, 거짓말쟁이 아돌프 님이시다!"

"너, 거울 미로에서 사라져 버린 것도……!"

빛나는 배신감에 말을 잇지 못했다.

"그래, 맞아. 너희들을 거울 미로에 가두려고 했지. 그런데 용케도 그곳을 빠져나오더군."

"이 못된……!"

내가 주먹을 쥐고 아돌프에게 달려가자, 아돌프는 민첩하게 돌벽

각도로 밝혀라 빛!

을 기어올라 점점 좁아지는 천장의 출구로 쏙 빠져나갔다.

"이히히히! 빛의 구슬 조각과 함께 영영 그곳에 갇혀 살라고!"

아돌프는 우리를 내려다보며 말하곤 나무 사다리를 끊고 달아나 버렸다.

이제 유적을 빠져나가지 못한다는 생각에 나는 그 자리에 주저앉고 말았다.

"죄송해요, 스넬리우스. 저희 때문에 이곳에 갇히고 말았어요."

내가 풀 죽은 목소리로 말했다.

"아니다. 기다려 봐라. 하나, 둘, 으샤!"

스넬리우스는 갖고 있던 마법 지팡이를 천장의 출구 사이로 높이 던졌다. 그러자 지팡이가 마법처럼 출구에 딱 걸렸다. 출구는 더 좁아지지 않았고, 사람 한 명이 간신히 빠져나갈 정도의 작은 구멍이 생겼다.

"하지만 사다리가 끊어져 버렸어요."

스넬리우스는 소매 안에서 동그란 셀로판지 여러 장을 꺼내고 있었다.

"왜 그리 쉽게 포기하려 하느냐! 나무 사다리가 없으면 무지개 다리를 이용하면 된다."

"무지개 다리? 무지개는 만질 수 없잖아요."

스넬리우스가 살짝 웃으며 말을 이었다.

"빛의 나라 사람에게는 무지개를 잠깐 동안 굳힐 수 있는 가루가 있지. 그래서 여기서는 무지개가 생기면 무지개를 다리로 만들어 건너곤 한다."

스넬리우스 옆에서 울고 있던 빛나도 그 말에 관심을 보였다.

"그런데 무지개를 어떻게 만드시려고요?"

"햇빛도 없고 ★ 프리즘도 없는데."

내가 빛나의 말을 이었다. 스넬리우스는 나를 흘끗 보면서 말했다.

각도로 밝혀라 빛!

"네가 프리즘까지 알 줄은 몰랐는데? 마법사인 내게 프리즘 하나 없겠니?"

스넬리우스는 소맷자락에서 투명한 삼각기둥 모양의 프리즘을 꺼내며 말했다. 빛나가 프리즘을 들여다보며 물었다.

> **★ 프리즘**
> 빛을 굴절·분산시킬 때 쓰는 광학부품. 유리나 수정을 다면체 모양으로 깎아 만든다.

"아, 이게 프리즘이구나. 근데 이건 왜 필요해요?"

"태양만 있다고 무지개가 선명하게 생기더냐? **무지개는 햇빛이 공중의 수증기나 빗방울을 통과하면서 생기는 것이다.** 여기는 빗방울이 없으니까 프리즘이라는 기구를 이용해야 한다."

내가 스넬리우스의 말을 이었다.

"**빛에는 사실 여러 가지 색이 섞여 있어. 햇빛이 동그란 물방울을 지날 때면, 햇빛 속의 빨간색, 주황색, 노란색, 초록색, 파란색, 남색, 보라색 빛이 물방울을 통과하며 조금씩 다른 각도로 꺾여. 그래서 일곱 가지 빛이 펼쳐져 무지개가 생기는 거야.**"

"이 프리즘이 물방울의 역할을 대신하는 거야?"

"그래, 햇빛이 프리즘을 지나면 일곱 빛깔 무지개가 생기지."

이때 스넬리우스가 나에게 초록색 셀로판지를, 빛나에겐 파란색 셀로판지를 주고, 자신은 빨간색 셀로판지를 가졌다.

"★ 백색광을 만드시려는 거죠?"

내가 말했다.

"그래, 맞다."

"후아…… 어려워. 백색광은 또 뭔데?"

빛나가 자기 손에 든 파란색 셀로판지를 멍하니 보며 물었다.

"빛 속에는 여러 가지 색이 섞여 있다고 했잖아. 그중에서 빛의 가장 기본이 되는 색 세 가지가 있는데 그걸 '빛의 삼원색'이라고 해. 빛의 삼원색은 빨간색, 파란색, 초록색……."

여러 가지 색 물감을 섞으면 검정색.

각도로 밝혀라 빛!

말풍선: 빨강, 파랑, 초록 빛을 모으면 흰빛!

이때 스넬리우스가 끼어들었다.

"복잡하게 생각할 거 없다. **빨간색 빛, 파란색 빛, 초록색 빛이 섞이면 흰빛이 되는 거란다.**"

빛나가 고개를 갸우뚱하며 스넬리우스를 쳐다봤다.

"여러 가지 색을 섞으면…… 갈색이나 검정색이 되던데요?"

"물감을 여러 가지 섞으면 어두워지지. 하지만 빛은 물감과 달리 색이 섞일수록 밝아진단다."

우리는 횃불에 다가가서 각자 들고 있는 셀로판지를 한데 겹쳤다. 빛의 삼원색인 빨강, 파랑, 초록이 만나자 정말로 흰빛이 보였다.

"말도 안 돼! 섞었는데 오히려 밝아졌어!"

빛나가 들뜬 목소리로 외치면서 셀로판지를 들지 않은 손으로 프리즘을 집어 들었다. 하지만 백색광에 프리즘을 대도 무지개는 쉽게 생기지 않았다. 아무래도 우리가 만든 백색광의 세기가 약한 것 같았다.

"스넬리우스, 역시 햇빛 없이는 무리인가 봐요."

스넬리우스가 방금 찾은 빛의 구슬 조각을 내게 건넸다.

"빛의 구슬 조각을 잠깐 햇불에 넣어 보거라."

난 조심히 받아 든 빛의 구슬 조각을 햇불 속에 던졌다. 그러자 햇불에서 연기가 피어오르더니 불이 활활 타올랐다.

각도로 밝혀라 빛!

스넬리우스는 프리즘을 돌 위에 놓고 횃불 앞으로 가서 빨간색 셀로판지를 가져다 댔다. 붉은빛이 뻗어 나왔다. 그다음 빛나가 빨간색 셀로판지 앞에 파란색 셀로판지를 겹치자 붉은빛과 파란빛이 섞여 자줏빛이 되었다. 마지막으로 내가 그 앞에 초록색 셀로판지를 대자 세 가지 빛이 섞여 새하얀 백색광이 되었다.

"됐다!"

백색광이 프리즘을 통과하자 허공에 작은 무지개가 생겼다.

우리가 놀라는 사이 스넬리우스는 작은 무지개에 마법의 가루를 뿌렸다. 그러자 무지개가 천장의 작은 구멍에 닿을 만큼 커지더니 돌처럼 딱딱해졌다. 무지개 다리가 완성된 것이다.

"왜 보고만 있어? 어서 가자."

우리는 스넬리우스의 말에 정신을 차리고 재빨리 무지개 다리를 걸어 올라갔다. 그리고 한 명씩 천장의 작은 틈으로 몸을 빼냈다.

스넬리우스는 횃불에 던졌던 빛의 구슬 조각을 챙긴 뒤 무지개 다리를 올라왔다. 스넬리우스가 천장에 꽂아 둔 지팡이를 빼내자 벌어졌던 틈이 완전히 닫혔다.

드디어 바깥이었다. 우리는 숨을 크게 들이쉬고 다시 길을 나섰다.

굴절이 만든 신기루

　영화에서 종종 사막을 여행하는 사람들이 물가로 향하는 모습을 볼 수 있어요. 타는 듯이 뜨거운 사막에서 멀리 물웅덩이를 발견하면 정말 반갑겠죠? 하지만 그들이 물을 향해 걷다 보면 어느새 멀리 보였던 물웅덩이와 나무숲이 거짓말처럼 사라지고 말아요. 이렇게 어떤 풍경이 홀연히 나타났다가 사라지는 현상을 '신기루'라고 합니다. 사실 여행자들이 사막에서 본 신기루는 실제가 아니에요. 가짜 상이 맺힌 것입니다. 신기루는 어떻게 생길까요?

빛은 직진하는 성질이 있어서 앞으로 나아갑니다. 하지만 이것은 공기가 없는 진공을 지날 때 나타나는 성질입니다. 빛이 공기 중을 지날 때는 온도에 따라 꺾이기도 해요. 이렇게 빛이 꺾이는 성질을 굴절이라고 합니다. 공기의 입자는 차가울 때는 서로 촘촘하게 붙어 있고 뜨거운 곳에서는 서로 멀어집니다. 그런데 빛은 입자가 촘촘한 곳에서는 비교적 천천히 나아가고 입자가 드문 곳에서는 비교적 빠르게 나아가요. 방해하는 입자가 많을수록 속도가 느려지기 때문이지요. 그래서 빛이 차가운 곳에서 따뜻한 곳으로 나아가면 온도에 따라 빛의 속도가 변해요. 빛의 입자들은 서로 손을 잡듯 연결되어 있기 때문에 속도가 변하면 빛의 경로가 꺾인답니다.

사막의 지표면 근처는 햇볕 때문에 뜨겁게 달아올라요. 그래서 뜨거운 지면에 가까워질수록 빛의 속도가 빨라지고 굴절이 생겨 빛이 위쪽으로 휩니다. 이렇게 되면 물체에서 반사된 빛이 아주 크게 휘어서 눈에 들어와요. 이때 사막의 하늘빛이 바닥에 비춰져서 마치 물웅덩이처럼 보이는 것입니다. 신기루 현상은 사막뿐만 아니라 뜨겁게 달아오른 아스팔트 위에서도 볼 수 있답니다.

5
해적 창고를 엿보다

우리는 숲을 벗어나 바다 쪽으로 나아갔다. 바닷가 근처로 갈수록 불어오는 바람에서 짠 냄새가 났다.

해변에 다다르자 스넬리우스가 우리를 멈춰 세우고 수풀 뒤에 몸을 숨겼다. 그리고 검지 손가락을 입에 갖다 대고는 조용히 하라는 신호를 보냈다.

'무슨 일이지?'

스넬리우스의 눈길이 멈춘 곳에는 큰 배와 짐을 내리는 선원들이 보였다. 이상할 것 없는 자연스러운 모습이었다.

"오빠, 해골이 그려진 건 어느 나라 깃발이야?"

빛나가 내 귀에 대고 작은 목소리로 물었다.

"해적선 표시야. 그건 왜?"

"저 큰 배에 그런 깃발이 꽂혀 있어."

"뭐?"

내가 큰 소리로 놀라자 스넬리우스가 재빨리 손으로 내 입을 막았다. 다시 보니 해적선이 확실했다. 우리는 숨을 죽인 채 해적들이 짐을 내리는 모습을 유심히 지켜보았다.

"스넬리우스, 저 해적들은 누구죠?"

스넬리우스는 해적선에 눈길을 준 채 대답했다.

"그림자 나라의 해적들이다. 마법 지팡이가 빛나는 걸 보니 저들에게 두 번째 빛의 구슬 조각이 있는 모양이야."

나는 고개를 끄덕이고 다시 그들을 관찰했다. 바다를 누비며 약탈한 보물들을 비밀 장소로 옮기는 것 같았다. 그때 덩치가 크고 우락부락하게 생긴 해적 두 명이 어깨에 기다란 수초를 짊어 메고 우리 곁을 지나갔다. 그러자 스넬리우스의 지팡이 끝이 사이렌처럼 번쩍였다.

"저 해초 사이에 빛의 구슬 조각이 끼여 있는 모양이군."

"그럼 가지러 가요."

빛나는 겁도 없이 벌떡 일어서서 해적들에게 다가가려 했다. 스넬리우스는 얼른 빛나의 옷자락을 잡아 수풀 안으로 끌어당겼다.

"우리가 달라고 하면 해적들이 순순히 줄 것 같으냐? 게다가 저들

각도로 밝혀라 빛!

은 그림자 나라의 악당들이야. 우리를 발견하면 바로 달려들어 바다에 던지려 할 거다."

스넬리우스가 작은 소리로 나무라듯 말했다.

"그럼 어떻게 찾아요? 몰래 가져와야 되나?"

빛나가 중얼거렸다.

"그거다. 당당히 찾아올 수 없으니 훔쳐 와야지."

스넬리우스가 담담하게 말했다.

"훔치는 건 나빠요!"

"남의 것을 뺏는 건 나쁜 일이지만, 우리는 빛의 구슬 조각을 원래 있던 자리로 갖다 놓으려는 거다. 저들이 누군가에게서 뺏은 걸 말이다. 잔말 말고 해적들이 빠져나갈 때까지 기다리자."

빛나는 여전히 입을 삐죽 내밀고 있었다. 나도 방법이 썩 마음에 들지는 않았지만, 빛의 구슬 조각이 제자리를 찾으려면 어쩔 수 없다는 생각이 들었다.

날이 저물자 해적 무리의 발걸음이 바빠졌다. 배를 정비하고 무기와 대포알을 챙기는 것으로 보아 약탈하러 갈 준비를 하는 모양이었다. 잠시 후 해변에 있던 해적들이 모두 배에 올라탔다.

우리는 그 틈을 타 발소리를 죽이고 해적들이 짐을 나르던 비밀 창고로 다가갔다. 하지만 창고 입구에는 대여섯 명의 해적들이 지켜 서 있었다.

113

"경비가 철저해. 문으로 들어가긴 힘들겠어."

"그럼 경비가 없는 뒤쪽 절벽을 타고 가자."

내 말이 떨어지기가 무섭게 빛나가 절벽 쪽을 가리키며 말했다.

"절벽은 너무 위험하잖아!"

"아니다. 차라리 그게 낫겠어."

내 말에는 아랑곳하지 않고 빛나와 스넬리우스는 벌써 해안 절벽으로 향했다. 짐작대로 그쪽에는 경비병이 없었다. 하지만 절벽이 어찌나 가파른지 아래를 내려다보면 속이 울렁거렸다.

너무 가파른데⋯⋯

각도로 밝혀라 빛!

"바다니까 떨어진다 해도 괜찮을 거야. 이 절벽을 타고 해적들의 창고 뒤 창문으로 들어가면 될 것 같아."

빛나가 절벽 쪽으로 나 있는 창고의 작은 창문을 가리키며 말했다. 스넬리우스와 빛나는 울퉁불퉁한 바위벽을 붙잡고 폭이 한 뼘 정도밖에 되지 않는 절벽 끝에 아슬아슬하게 발을 디뎠다. 선뜻 용기가 나지 않았지만 그대로 서 있을 수만은 없어서, 나도 바위벽에 매달려 한 발 한 발 내딛기 시작했다.

"오빠, 빨리 와. 우린 다 왔어."

빛나와 스넬리우스는 벌써 창고의 창문 앞에서 쇠창살을 뜯어 낼 궁리를 하고 있었다. 그 모습을 보려고 고개를 내미는 순간, 나는 발을 헛디디며 그만 절벽 아래로 미끄러지고 말았다.

"오빠!"

빛나의 비명 소리가 들렸다. 순간적으로 빛나와 부모님의 얼굴이 스쳐 갔다. 이 모든 것이 꿈이라면 좋을 것 같았다.

하지만 나는 바닷물이 아닌 땅 위에 떨어졌다. 등이 바닥에 쾅 부딪쳤지만 그리 아프지도 않았다.

'어? 절벽이 이렇게 낮았나?'

나는 몸을 털고 일어나 주위를 둘러보았다. 그곳은 내가 서 있던 곳에서 2미터 정도 아래에 있는 넓은 바위 위였다. 바위가 절벽 중간에 툭 튀어나와 있어서 다행히 바다로 떨어지지 않았던 것이다.

주위를 둘러보니 절벽에 누군가 파 놓은 작은 동굴이 보였다.

"빛나야! 스넬리우스! 여기 작은 동굴이 있어요!"

"괜찮은 거야?"

빛나는 아래를 내려다보며 내게 소리쳤다.

"응! 넓은 바위가 있어서 살았어! 여기 통로가 있어. 와 봐."

빛나와 스넬리우스는 벽을 타고 내가 있는 쪽으로 천천히 내려왔

다. 빛나는 바위로 뛰어내리더니 나를 안았다.

"오빠가 죽는 줄 알았어!"

각도로 밝혀라 빛!

놀란 빛나를 달래는 동안 스넬리우스는 내가 찾은 작은 통로를 유심히 들여다보았다. 그리고는 말도 없이 그 안으로 들어갔다. 우리는 지난번처럼 스넬리우스를 놓칠까 봐 바로 따라 들어갔다. 통로는 해적들의 비밀 창고 아래까지 연결돼 있었다. 누군가 우리처럼 몰래 보물을 훔치려고 파 놓은 것 같았다. 한참을 걸어 들어가던 스넬리우스가 멈춰 섰다.

"여기서 불빛이 새어 나오고 있구나."

스넬리우스가 가리키는 천장 쪽에 작은 구멍이 뚫려 있었다. 그 구멍으로 빛과 소리가 새어 나왔다. 아무래도 바로 위에 해적들이 있는 모양이었다.

"위에 해적들이 있는 것 같아."

"정말?"

빛나는 구멍으로 손을 뻗기 위해 까치발로 깡충깡충 뛰었다.

"빛나야, 가만히 있어 봐. 해적들이 눈치채면 어쩌려고 그래?"

나는 빛나를 붙잡고 구멍을 다시 살폈다. 얼굴도 들어가지 않는 좁은 구멍으로 위쪽을 보기는 어려웠다. 마치 우리가 땅 아래 갇힌 것 같았다.

"스넬리우스, 위에 무엇이 있는지 전혀 모르겠어요. 답답해요."

나는 우리가 서 있는 굴 안이 갑갑하게 느껴졌다. 어떻게 남은 빛의 구슬 조각을 찾아 집에 돌아갈지 앞이 막막했다. 하지만 빛나는

물 위의 풍경이 다 보이네.

제자리에서 뛰어올라 천장의 구멍에 손을 뻗으며 천진하게 말했다.

"난 물속을 다니는 잠수함에 탄 기분인걸. 위에 뭐가 있는지 모르니까 너무 두근거려."

나는 그 말을 듣고 무릎을 탁 쳤다.

"바로 그거야! ★ 잠망경!"

"잠망경?"

"잠수함에서 바다 밖을 볼 때 쓰는 물건이야."

★ **잠망경**
잠수함이나 탱크 안에서 수면 위나 상공을 내다볼 수 있도록 만든 장치

각도로 밝혀라 빛!

우리가 갇힌 곳도 깊은 바다와 비슷했다. 보이지 않는 위쪽을 보기 위해서는 잠망경이 필요했다.

"스넬리우스, 잠망경도 갖고 있죠?"

스넬리우스는 소매 깊숙이 손을 넣고 한참을 뒤졌다. 잠시 후 스넬리우스가 종이로 만든 작은 잠망경을 꺼내 주었다. 종이 끝이 나달나달한 걸 보니 낡을 대로 낡은 것 같았다. 문구점에서 파는 튼튼

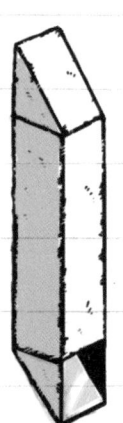

★ 평행
한 평면 위의 두 직선 혹은 두 평면이 나란하여 서로 만나지 않는 상태

한 잠망경을 상상했던 나는 조금 실망했다. 하지만 빛나는 벌써 잠망경을 들고 관찰하기 시작했다.

"종이로 만들었나 봐. 정말 특이하게 생겼네. 스넬리우스, 어디가 앞이고 어디가 뒤예요?"

"앞뒤가 따로 없다, 두 거울의 면이 서로 ★ 평행하니까."

스넬리우스는 빛나에게서 잠망경을 받아 들고 어떻게 사용하는지 알려 주기 시작했다.

"**잠망경은 두 개의 거울로 빛을 반사시켜서 보는 기구다.** 반사에 대해서는 이제 잘 알지? 이렇게 세워 든 다음에……."

그때 위에서 해적들의 말소리가 들려왔다.

"정찰은 잘했나?"

"지금 다녀오는 길인데, 절벽에 사람의 흔적이 있어."

"뭐, 정말이야? 두목님이 아시면 큰일인데! 가 보자. 앞장서!"

대화를 들은 스넬리우스는 통로 쪽으로 빠르게 달려가며 우리에게 소리쳤다.

"아래쪽 거울에 눈을 대면 위쪽 풍경이 보일 거다. 난 절벽에 남은 발자국을 지우고 오마!"

스넬리우스가 급히 빛나에게 잠망경을 건네고 가 버렸다. 빛나는 처음 보는 잠망경이 신기한지 한쪽 구멍에다 손가락을 넣었다.

"와! 속이 이렇게 뚫려 있어."

"빛나야, 보는 법을 알려 줄게. 낡아서 조심히 다뤄야 해."

나는 빛나에게 손을 내밀었지만 빛나는 잠망경을 들여다보는 데 정신이 팔려 있었다.

"조금만 더 가지고 놀게, 응?"

"이리 내. 그걸로 위에 뭐가 있는지 본 다음에 가지고 놀자."

나는 손을 뻗어 빛나에게서 잠망경을 뺏으려고 했다. 하지만 빛나는 잽싸게 손을 뒤로 빼고 몸을 피했다. 내가 가까이 다가가자 빛나는 한 발 뒤로 물러나다 그만 돌부리에 걸려 엉덩방아를 찧고 말았다.

"아얏!"

"그러게 내가 뭐라고 했어! 조심하라니까."

내가 다가가 넘어진 빛나를 일으키려는데 뭔가 부스럭거리는 소리가 들렸다.

"빛나야, 잠망경!"

내가 소리치자 빛나는 재빨리 일어나 넘어졌던 자리를 돌아봤다. 넘어지면서 종이 잠망경이 엉덩이 밑에 깔려 사정없이 구겨지고 말

121

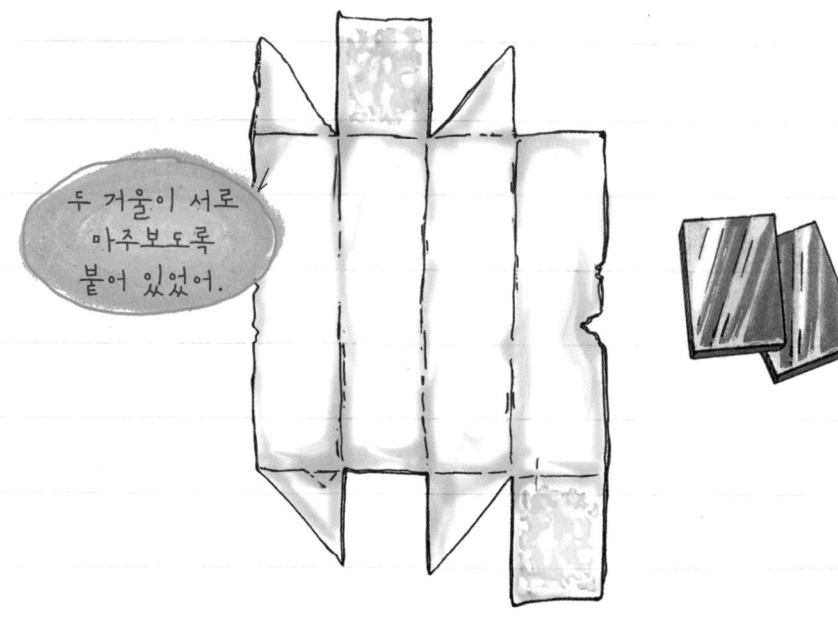

두 거울이 서로 마주보도록 붙어 있었어.

앗다. 내가 망가진 잠망경을 펼치자 안에서 네모난 거울 두 개가 떨어져 나왔다. 빛나가 고개를 푹 숙이며 말했다.

"오빠, 미안해. 다 내 잘못이야……."

"아냐, 거울은 멀쩡하니까 고칠 수 있을 거야."

스넬리우스가 이 모습을 보면 화를 낼 게 뻔했다. 나는 스넬리우스가 오기 전에 망가진 잠망경을 고쳐 보기로 했다. 우리는 구겨진 종이를 바닥에 펼쳐 놓고 생각에 잠겼다.

"음…… 우선 저 종이를 접어야 할 것 같아."

각도로 밝혀라 빛!

내가 빛나를 보며 말했다. 빛나도 기억을 더듬으며 말했다.

"맞아. 아까 분명히 사각기둥 모양이었어."

나와 빛나는 선 자국을 따라 종이를 안쪽으로 접었다. 직사각형 위아래로 튀어나온 부분은 어떻게 할지 몰라서 같이 안으로 접어 버렸다. 끝 쪽을 맞붙이자 속이 빈 기둥이 만들어졌다. 하지만 처음에 본 모습과는 달랐다.

"이상해, 오빠. 아까는 위쪽이 세모 모양이었는데……."

내가 봐도 뭔가 잘못된 것 같았다. 나는 종이를 다시 펼쳤다. 이번에는 튀어나온 부분을 안으로 접지 않고 세워서 붙였다. 그러자 처음에 본 것처럼 위아래가 세모난 모양이 됐다.

"이제 됐지? 그런데 거울은 대체 어디에 넣는 거지?"

우리는 다시 생각에 잠겼다. 한참 뒤 빛나가 입을 열었다.

"아까 잠망경에 손가락을 넣었을 때, 거기 거울이 붙어 있었어."

"뚫린 곳에?"

"응, 확실해."

"그럼 우선 거기에 한 개를 붙여 보자."

나는 빛나의 말대로 거울 한 개를 비스듬히 붙였다. 이제 남은 거울만 제자리에 붙이면 됐다. 그때 문득 스넬리우스가 했던 말이 떠올랐다.

'앞뒤가 따로 없다, 양쪽 거울이 평행하게 붙어 있으니까.'

123

"그래, 그거야!"

나는 빛나를 흔들면서 소리쳤다. 빛나의 눈이 동그래졌다.

"알아냈어?"

"앞뒤가 없다고 했잖아. 이쪽에도 거울을 똑같이 붙이면 돼! 저쪽 거울과 똑같은 각도로 서로 마주 보게 말이야!"

구멍이 이 위치에 난 이유가 있었다. 비스듬히 바깥을 향하는 양 끝 부분은 바로 두 개의 거울을 붙이는 곳이었다. 나는 나머지 거울도 입구에 비스듬히 세워 붙였다. 그러자 제법 잠망경의 모습이 돌

각도로 밝혀라 빛!

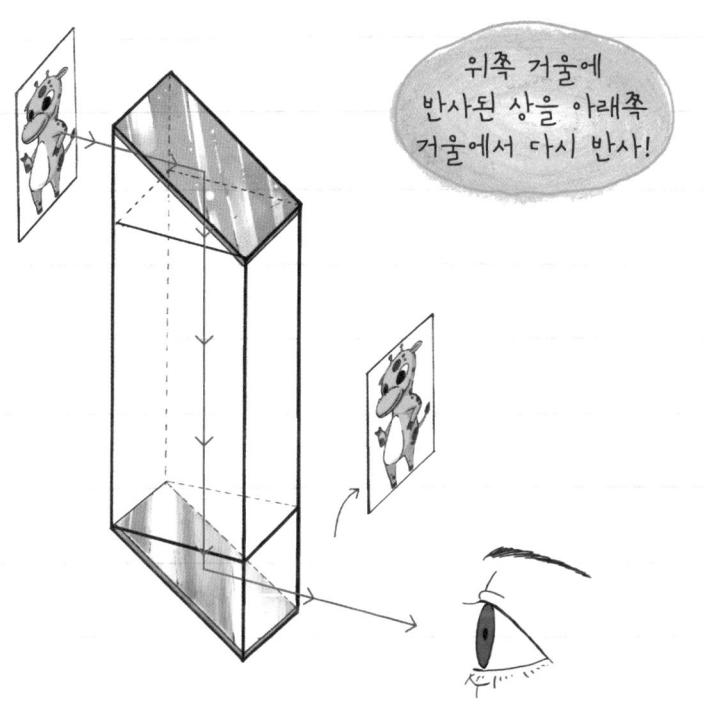

위쪽 거울에 반사된 상을 아래쪽 거울에서 다시 반사!

아왔다.

"자, 이제 직접 사용해 보자. 잠망경을 들고 업혀."

나는 빛나를 업고 천장의 구멍 아래로 갔다. 빛나는 잠망경을 세워 위쪽 끝을 구멍 바깥에 내놓고 아래쪽 구멍에 눈을 댔다.

"와, **너무 신기해! 위쪽이 다 보여!**"

"으으, 잘 보고 내려와. 근데 너 왜 이렇게 무거워졌어?"

내가 낑낑대자 빛나가 아쉬워하면서 내려왔다.

"아, 계속 보고 싶다. 정말 신기해! 왼쪽에는 해적들이 모여 있고,

오른쪽에는 커다란 철문이 세워져 있어.”

빛나가 왼쪽과 오른쪽을 가리키며 말했다.

“그럼 오른쪽이 해적들의 창고로구나!”

그때 어느새 돌아왔는지 스넬리우스가 다가오며 말했다.

“나 없이도 잠망경을 잘 사용했나 보구나. 그런데 잠망경이 어째……”

스넬리우스는 잠망경을 살피며 탐탁지 않은 표정을 지었다. 흙으로 얼룩진 잠망경을 보고 무슨 일이 있었는지 단번에 눈치챈 듯했다. 하지만 잠망경을 이리저리 돌려 본 다음에는 우리의 잘못을 묻지 않았다.

“그런데 어떻게 위쪽이 보이는 거지?”

빛나가 눈치 없이 다시 잠망경을 빼앗아 들고 한쪽 구멍에 눈을 대며 말했다. 스넬리우스가 트집을 잡기 전에 내가 재빨리 대답했다.

“내가 알려 줄게. 바깥의 풍경이 위쪽 거울에 비치고, 그게 다시 아래쪽 거울에 비쳐서 우리 눈에 보이는 거야.”

“한 번 반사된 빛이 한 번 더 반사된다고?”

“응.”

“그런데 왜 거울을 비스듬하게 붙여?”

“응? 아, 그건 말이야……”

내가 우물거리자 스넬리우스가 도왔다.

각도로 밝혀라 빛!

"빛나야, 거울의 반사에 대해서 알고 있지? **한쪽 거울이 바깥 풍경을 비추면 그 모습이 다른 거울에 반사되어 우리 눈에 들어오는 것이다. 그러니까 두 거울이 서로 마주 보고 있어야 바깥 풍경을 볼 수 있는 거지.**"

나는 그제야 두 거울이 비스듬한 각도로 나란히 배치된 이유를 알 수 있었다. 빛나와 나는 마주 보고 고개를 끄덕였다.

"이제 지체할 시간이 없다! 얘들은 왜 이리 호기심이 많은지⋯⋯."

스넬리우스의 말이 떨어지기 무섭게 빛나가 잠망경을 들고 앞장섰다.

"오른쪽이 창고니까 이 길로 조금 더 들어가요."

나와 스넬리우스는 빛나를 따라갔다.

"어, 막혔잖아?"

10미터 정도 들어가니 동굴의 끝이 나타났다. 우리는 다시 천장을 살피며 잠망경의 한쪽 거울을 내놓을 수 있는 구멍을 찾아보았다.

"구멍이 하나 있어!"

나는 빛나가 찾아낸 구멍 아래에서 다시 빛나를 업었다.

"뭐가 보이느냐?"

"그 해초가 있어?"

스넬리우스와 내가 동시에 물었다.

"잠깐만⋯⋯ 반짝거리는 것들이 잔뜩 있어! 해적들은 없는 것 같아."

"바로 위가 해적들의 창고인 게 확실하군. 잠깐 물러 서거라."

우리가 비켜서자 스넬리우스가 그 작은 구멍을 향해 주문을 걸었다.

"쵸키쵸키! 커져라, 구멍!"

마법 지팡이 끝이 번쩍 빛나더니 구멍이 사람 한 명이 빠져나갈 수 있을 정도로 커졌다. 나와 스넬리우스는 제자리에서 펄쩍 뛰어올라 구멍 끝에 매달린 뒤 위로 올라갔다. 그리고 빛나의 손을 잡아 천천히 위로 끌어 올렸다.

쵸키쵸키! 커져라, 구멍!

각도로 밝혀라 빛!

도전! 빛의 나라 퀴즈 ④

잠망경의 아래쪽 거울로 위쪽 거울에 비친 풍경을 보면 실제와 똑같은 상을 볼 수 있습니다. 거울을 통해 보는데 왜 좌우가 바뀌지 않을까요?

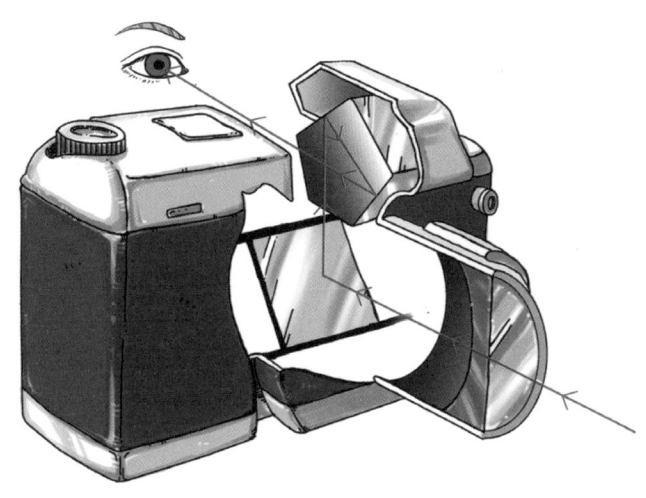

거울은 다양한 곳에서 활용됩니다. 도로나 대형 슈퍼의 모퉁이에는 볼록 거울이 있어요. 반대편을 한눈에 보기 위해서예요. 가운데가 볼록해서 바로 앞의 풍경뿐 아니라 여러 방향을 한 번에 비추거든요. '사물이 거울에 보이는 것보다 가까이 있음'이라는 문구가 쓰여 있는 자동차의 사이드 미러도 볼록 거울입니다. 같은 크기의 평면거울보다 넓은 공간을 한 번에 작게 비추지요.

그릇처럼 오목한 오목 거울은 빛을 모으거나 멀리 나아가도록 하는 데

쓰여요. 손전등 전구 뒤편의 움푹한 부분에 있는 것이 오목 거울입니다. 전구의 빛이 오목 거울에 반사되어 멀리 나아가도록 만든 것이에요. 같은 원리로, 자동차의 헤드라이트나 등대 안에도 오목 거울을 설치해요. 의사 선생님이 머리에 쓰는 반사경 역시 오목 거울의 일종입니다. 주변의 빛을 한 점으로 모아 주는 기능을 하지요.

평면거울은 일일이 나열하기 어려울 정도로 널리 쓰이고 있어요. 우리에게 친숙한 도구 중 평면거울이 장치된 대표적인 물건은 바로 카메라입니다. 상자 모양의 카메라 몸체 안에는 빛이 들어가지 않습니다. 그리고 렌즈 안쪽에 작은 평면거울이 비스듬하게 장착되어 있어요. 렌즈로 들어오는 빛은 제일 먼저 이 거울에 반사됩니다. 그리고 이 빛이 오각형 모양의 프리즘(펜타프리즘)에 두 번 반사되어 우리가 눈을 대는 뷰파인더로 들어옵니다. 만약 카메라 안에 거울이 없다면 어떨까요? 어떤 사진이 찍힐지 미리 볼 수 없겠지요? 카메라 안에 있는 평면거울은 렌즈 앞쪽을 비춰주다가 셔터를 누르면 빠르게 위로 접혀요. 이때 렌즈를 통해 들어온 빛이 카메라 안쪽 벽의 필름 혹은 센서에 닿아 사진이 찍힙니다.

6
빛이 꺾이는 비밀

해적들의 보물 창고에 들어온 우리는 정신을 차릴 수 없었다. 바닥에 반짝이는 금화와 색색의 보석들이 널려 있고, 비단과 향료 같은 진귀한 물건들이 천장에 닿을 만큼 층층이 쌓여 있었다. 금괴로 가득 찬 상자도 다 셀 수 없었다. 보물들이 번쩍거려서 햇불만으로도 창고 안이 환했다. 나와 빛나는 보물들 사이를 누비며 맘에 드는 물건을 들여다보고 만져 봤다.

"와! 루비가 손바닥만 해! 이건 왕관인가? 내 머리에 딱 맞아."

빛나는 앙증맞은 왕관 하나를 머리에 쓰며 말했다.

"이건 혹시 파라오의 금관?"

나는 앞에 놓인 관 하나를 손으로 건드려 보았다.

"해적들의 보물을 함부로 만지지 않는 게 좋을 거다. 남에게 빼앗은 물건들이니 저주가 걸려 있을지도 모르지."

나는 스넬리우스의 말에 놀라 재빨리 금관에서 손을 뗐다. 스넬리우스는 보석에는 눈길도 주지 않고 마법 지팡이를 이리저리 흔들며 빛의 구슬 조각을 찾으려 애썼다. 빛나는 바닥에 흩어진 보석을 살펴보며 걷다가 코앞에 있는 검은 벽에 머리를 쿵 들이박고 말았다.

"빛나야, 괜찮아?"

나는 빛나에게 달려갔다.

"응. 앞을 보고 걸을 걸 그랬어. 그런데 이게 뭐지?"

빛나가 머리를 부딪친 곳은 벽이 아니라 거대한 물건이었다. 검은 천으로 덮여 있는 그 물건은 내 방보다도 커 보였다.

"열어 보자."

우리는 검은 천의 끝을 잡고 천천히 당기기 시작했다. 천을 걷어 내고 보니 놀랍게도 그것은 거대한 어항이었다. 물이 가득 찬 그 어항 안에 우리가 찾던 빛나는 해초가 들어 있었다.

"스넬리우스! 그 해초예요!"

스넬리우스는 우리 곁으로 다가와 마법 지팡이 끝을 수조에 댔다. 그러자 마법 지팡이가 또다시 깜빡였다.

"빛의 구슬 조각이 정말 해초 사이에 있나 봐요."

"그래, 제대로 찾아왔구나. 그런데 물속에 든 걸 어떻게 꺼낸다?"

각도로 밝혀라 빛!

빛나가 손을 번쩍 들며 말했다.

"제가 꺼내 올게요! 잠수는 자신 있어요."

걱정은 됐지만 나는 빛나의 수영 실력을 믿기로 했다. 스넬리우스와 나는 수조 안에 위험한 물건이 없는지 살폈다. 나풀대는 해초 말고 특별히 눈에 띄는 건 없었다. 하지만 우리는 위쪽에서도 물속을 들여다보기로 했다. 나는 창고 구석에 있는 사다리를 가져와 어항 옆에 세웠다. 그런데 사다리를 한 발짝 올랐을 때 눈앞에 거대한

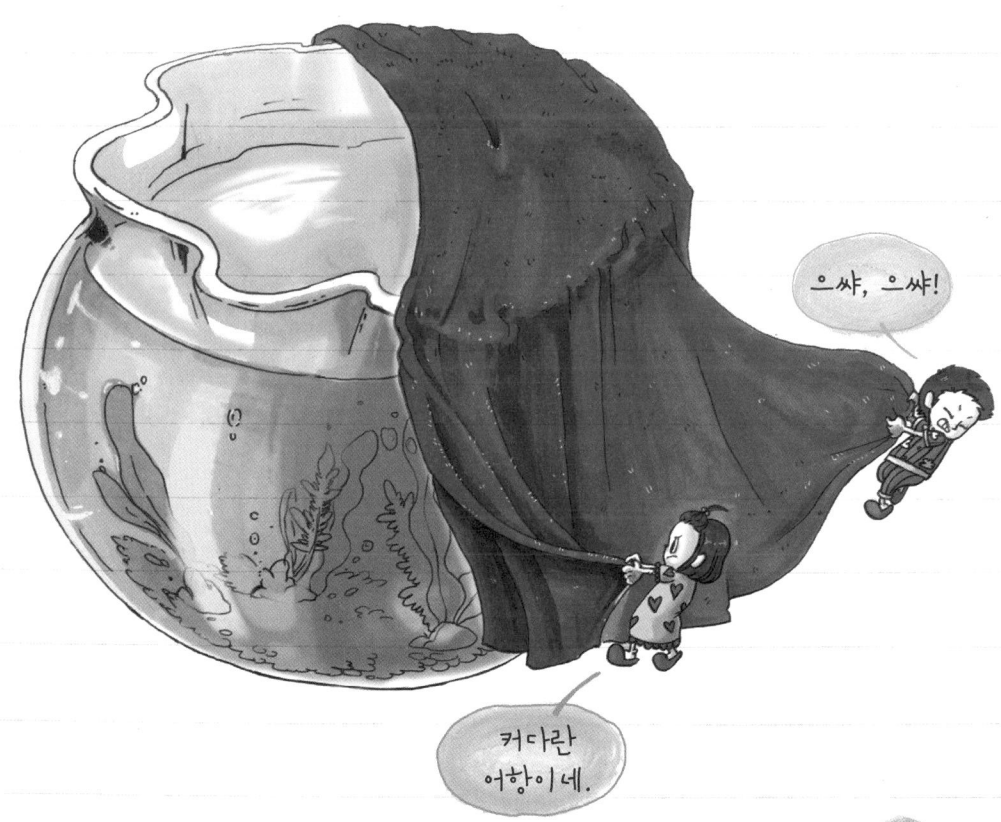

크...... 크다!

물고기가 나타났다.

"으아아아악! 오빠, 저게 뭐야?"

나는 빛나의 비명에 더 놀라 사다리에서 떨어질 뻔했다. 가까스로 사다리를 붙잡고 다시 어항으로 눈을 돌리니, 어항 안에서 내 몸집만 한 물고기가 날 뚫어져라 보고 있었다. 큰 몸집에 어울리지 않게 생김새는 귀여웠다.

"흠...... 물속에 들어가긴 힘들 것 같군."

스넬리우스는 어항 안의 거대한 물고기를 보며 덤덤하게 말했다. 그리고 소매 안을 뒤지기 시작했다. 잠시 후 부스럭거리는 소리와

각도로 밝혀라 빛!

함께 끝에 망이 달린 기다란 막대가 나왔다.

"와! 대체 소매 안에 없는 게 뭐예요?"

"비밀이다. 자, 받아라. 물에 들어가지 말고 이걸로 빛의 구슬 조각을 꺼내거라."

스넬리우스는 빛나에게 막대를 내밀며 말했다. 그리고는 어서 올라가라는 듯 어항 옆의 사다리를 흘깃 보았다. 빛나는 망설이지도 않고 막대를 들고 사다리를 올라갔다. 나는 빛나가 걱정돼서 따라 올라갔다. 위에서 들여다보니 어항 속은 더 깊고 어두웠다. 그나마 빛의 구슬 조각이 해초 사이에서 빛을 뿜는 게 다행이었다. 빛나는

곧은 막대를 주마.

각도로 밝혀라 빛!

물속을 들여다보며 막대를 넣고 이리저리 움직이기 시작했다.

"오빠, 여기서는 어항 바닥이 잘 안 보여. 내려가서 어느 쪽에서 빛나는지 얘기해 줄래?"

"물론이지."

나는 사다리를 한 칸 내려왔다. 그런데 이상했다. 물에 넣은 막대가 물을 경계로 구부러져 있었다.

"이상하다……. 빛나야, 너 막대를 어떻게 한 거야?"

내가 고개를 갸우뚱한 채 서 있자 빛나가 다시 나를 불렀다.

"뭘? 내려가서 좀 봐 달라니까. 여기서는 막대가 구부러진 것 같이 보인단 말이야. 물이 이상한가 봐."

"여기서 봐도 그래."

나는 그렇게 말하면서 재빨리 사다리 아래로 내려가서 어항을 들여다봤다. 마찬가지로 물을 경계로 막대가 구부러져 보였다.

"아무리 봐도 이상하네……. 네가 막대를 부러트린 거 아냐? 아니면, 스넬리우스가 준 막대가……."

"내가 구부러진 막대를 줬다는 거냐?"

스넬리우스가 고개를 저으며 말을 이었다.

"무지개까지 만든 녀석들이 이걸 모르는 거야? 빛의 ★ 굴절을 생각했어야지."

스넬리우스가 나를 보며 말했다.

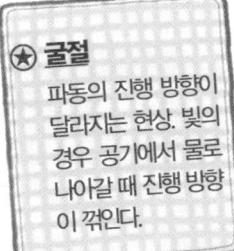

★ 굴절
파동의 진행 방향이 달라지는 현상. 빛의 경우 공기에서 물로 나아갈 때 진행 방향이 꺾인다.

"굴절이오?"

"모르는군. 빛이 꺾이는 걸 굴절이라고 한다."

"빛은 직진만 한다면서요?"

내가 묻자 스넬리우스가 나를 지그시 바라보았다.

"맞아, 기억력이 좋구나. 하지만 빛이 공기에서 물로 들어가거나 물에서 공기로 들어갈 때는 꺾인단다. 유리로 만든 프리즘을 통과할 때도 마찬가지이고."

"왜 꺾이는 거예요?"

멀쩡한 막대가 구부러진 것처럼 보이다니, 나는 눈앞에 보이는 광경이 낯설었다. 빛나도 위에서 고개를 쭉 빼고 스넬리우스의 대답

크크, 다리가 굽어졌어.

각도로 밝혀라 빛!

을 기다렸다.

"음…… 어디서부터 이야기할까? 너희들 혹시 **물에 다리를 담가 보았느냐?**"

우리는 고개를 끄덕였다.

"물 위에서 다리를 내려다보면 어떻게 보이더냐?"

빛나와 내가 동시에 대답했다.

"물속에서는 다리가 더 두껍게 보였어요!"

"혹시 그게 빛의 굴절 때문이에요?"

이번에는 스넬리우스가 고개를 크게 끄덕였다.

"그래. **위에서 내려다볼 때 다리가 굵게 보이는 건 바로 빛의 굴절 때문이다.**"

스넬리우스가 크게 심호흡을 하고 말을 이었다.

"이야기가 길 수도 있으니 잘 들거라. 모든 물체는 '입자'라는 작은 알갱이들로 이루어져 있단다. 너무 작아서 눈으로 볼 수는 없지만 말이다. 빛도 마찬가지야. 빛의 입자들이 공기를 지나 우리 눈에 보이는 거지."

빛이 알갱이라니…… 우리는 스넬리우스의 다음 말에 귀를 기울였다.

"그런데 **빛의 입자들이 늘 같은 속도로 지나는 건 아냐. 예를 들면, 공기를 지날 때와 물속을 지날 때 그 빠르기가 다르단다.**"

141

"왜요?"

"공기나 물 역시 입자로 이루어져 있거든. 그런데 공기 입자들은 서로 멀리 떨어져 있는 반면 물 입자들은 좀 다닥다닥 붙어 있어. 쉽게 말하면, 공기보다 물을 지날 때 방해꾼이 많단다."

서로 멀리 떨어져 있는 공기 입자와 촘촘하게 붙어 있는 물 입자의 모습을 머릿속에 그려 보니, 공기를 지날 때보다 물을 지날 때 방해꾼이 많다는 말이 쉽게 이해됐다.

"그럼 물에서는 빛이 조금 느리게 지나가겠네요?"

각도로 밝혀라 빛!

내가 자신 있게 말하자 스넬리우스가 고개를 끄덕였다.

"정답이다. 사람이 없는 곳에서는 빠르게 뛸 수 있지. 하지만 사람이 많은 곳에서는 빠르게 뛸 수 없다. 누군가와 부딪칠 수도 있으니 말이다. 빛의 입자도 같아."

"그런데 그게 굴절이랑 무슨 상관이에요?"

빛나가 재빠르게 물었다.

"역시 성질이 급하군. 그래, 이제부터 그 얘기를 해 주마."

빛나와 나는 눈을 반짝이며 스넬리우스의 설명을 기다렸다.

"빛의 입자는 먼지처럼 마구 떠다니는 게 아니라 서로 연결되어 있단다. 입자가 서로 손을 잡고 있다고 상상하면 쉬워."

나는 머릿속에 입자들이 손을 잡고 움직이는 모습을 떠올렸다.

"그런데 생각해 보거라. 너희 둘이 손을 잡고 달리고 있었는데 갑자기 빛나가 진흙 길에 빠져서 걸음이 느려진다면 어떻게 될까?"

"오빠랑 손을 잡고 가다가 저만 진흙 길에 빠지면요? 음…… 아마 달리던 오빠가 제 쪽으로 넘어지겠죠. 끌려오거나."

빛나의 대답에 스넬리우스가 씨익 웃으며 말했다.

"바로 그거다! 빛도 똑같아. 같이 이동하던 입자가 갑자기 느려지면 나머지 입자가 그 입자 쪽으로 끌려간단다."

"아, 그러면 빛이 지나던 경로가 꺾이겠네요. 그게 굴절이구나!"

이번엔 빛나가 먼저였다. 빛나의 말을 듣자 스넬리우스의 긴 설명

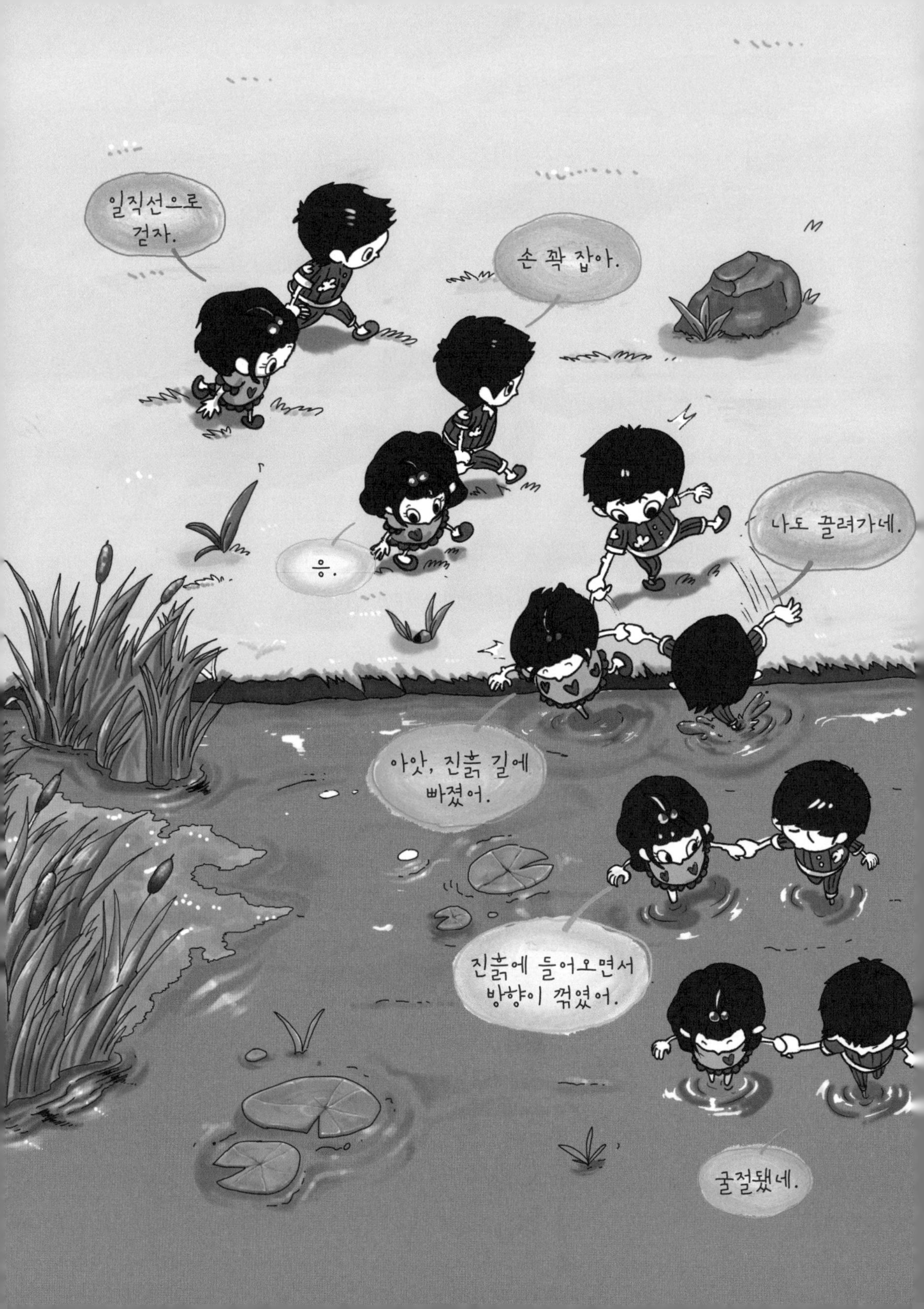
일직선으로 걷자.
손 꽉 잡아.
응.
나도 끌려가네.
아앗, 진흙 길에 빠졌어.
진흙에 들어오면서 방향이 꺾였어.
굴절됐네.

이 한 번에 이해됐다.

"이제 알겠어요. 공기 중에서 나아가던 빛의 입자들이 물에 들어가면 속도가 느려져요. 물은 공기보다 빽빽해서 방해꾼이 많으니까요."

"오빠, 나도 말할래. 그래서 빛이 공기에서 물로 나아갈 때나 물에서 공기로 나아갈 때 꺾여요! 그걸 굴절이라고 해요."

우리가 질세라 서로 대답하자 스넬리우스가 흐뭇한 표정을 지었다.

"기특하구나, 굴절을 이해하다니. 너희가 본 것은 빛이 물속에서 공기 중으로 나올 때 꺾여서 만든 상이다. 그래서 물속에서는 멀쩡한 막대가 구부러져 보이는 거지."

나는 그 말을 듣고 다시 어항 속을 살폈다.

"빛나야, 그럼 여기서 알려 줄게. 막대를 조금 더 왼쪽으로 옮겨 봐."

나는 어항 안을 보면서 빛나에게 위치를 알려 줬고, 빛나는 내가 말하는 방향으로 막대를 움직였다. 드디어 막대 끝에 빛나는 해초가 닿았다.

"됐다! 그 해초를 약간 뒤적여 봐. 빛의 구슬 조각이 어디 숨어 있는지 여기서는 잘 안 보여."

빛나는 고개를 끄덕이며 두 손으로 막대를 잡고 주변을 열심히 휘저었다. 그러자 해초 속에서 커다란 빛의 구슬 조각이 나타났다.

"저기 있다! 빛나야, 팔을 조금만 더 내려 봐."

빛의 굴절 때문에 빨대가 구부러진 것처럼 보여.

조각을 집기에는 막대의 길이가 약간 모자랐다. 하지만 빛나는 왼손으로 어항 입구를 잡고 오른쪽 팔을 어항 물에 담갔다. 거대한 물고기는 잊은 모양이었다.

"안 되겠다. 내가 도와줄게, 기다려!"

나는 빛나가 있는 곳으로 올라가기 시작했다. 하지만 빛나는 기다리지 않고 팔을 더욱 물속 깊숙이 넣었다.

"아냐, 될 것 같아! 조금만 더⋯⋯."

빛의 조각이 닿을락 말락 하자 빛나는 점점 더 몸을 앞으로 뺐다. 몸을 얼마나 많이 구부렸는지 이미 어깨까지 물에 담갔다. 내가 올

각도로 밝혀라 빛!

라가서 붙잡아 주려는 순간, 빛나가 갑자기 균형을 잃고 물속에 빠지고 말았다.

'풍덩!'

"빛나야!"

갑작스러운 사고에 나는 어쩔 줄 몰라 발을 동동 굴렀다. 그사이 스넬리우스는 마법을 걸어 빛나의 입과 코에 공기 방울을 달아 주었다. 덕분에 숨은 쉴 수 있었지만, 빛나는 물에 빠지는 순간 기절한 것 같았다. 빛나가 점점 가라앉더니 물속의 해초 사이로 사라졌

다. 나는 빛나가 걱정되어서 스넬리우스에게 달려갔다.

"빨리 빛나를 물에서 꺼내 주세요."

"미안하지만 그런 마법은 없다."

스넬리우스는 고개를 저으며 말했다.

"커다란 물고기만 없으면 괜찮을 텐데……. 제발 눈을 떠, 빛나야."

내 말이 떨어지기가 무섭게 수조 뒤쪽의 해초들이 흔들리더니 물고기가 모습을 드러냈다. 나는 어항의 유리를 주먹으로 쾅쾅 두드려 물고기를 위협했다. 그러나 물고기는 아랑곳하지 않고 빛나가 사라진 해초 사이로 들어가 버렸다.

"어떻게 해."

나는 울음을 참을 수 없었다. 다리에 힘이 풀려 바닥에 주저앉아 울고 있는데 스넬리우스가 내 어깨를 툭툭 두드렸다. 내가 고개를 드니 스넬리우스가 손가락으로 수면을 가리켰다. 놀랍게도 빛나가 자기 팔뚝만 한 물고기를 안고 물 밖으로 고개를 내밀고 있었다. 나는 벌떡 일어나 사다리를 타고 빛나에게 갔다.

"안 다쳤어? 그 커다란 물고기가 널 공격하지 않았어? 이 작은 물고기는 뭐야?"

빛나가 작은 물고기를 감싸안으며 말했다.

"난 괜찮아. 스넬리우스의 마법 덕분에 물속에서도 숨을 쉴 수 있더라고. 그리고 그 커다란 물고기가 바로 얘야!"

각도로 밝혀라 빛!

나는 침을 꿀꺽 삼켰다.

"이렇게 작은 녀석이었다고?"

"응. 나도 처음에는 놀랐는데, 우리가 잘못 봤던 모양이야."

"뭐?"

"굴절 때문인가?"

가만히 듣고 있던 스넬리우스가 조그맣게 중얼거렸다.

"굴절이오? 이것도 굴절 때문에 그런 거라고요?"

내가 물었다.

"그래. 아마도 저 **두껍고 동그란 어항이 마법을 부린 것 같아.**"

"우리에게도 알려 주세요, 스넬리우스!"

빛나가 졸라 대자, 스넬리우스가 귀찮다는 표정으로 말문을 열었다.

"정말 너희들 호기심은 당해 낼 수가 없구나. 아까 공기 입자보다 물의 입자가 더 빽빽하게 붙어 있다고 얘기했지? 그래서 공기보다 물에서 빛이 느리다는 것도."

나와 빛나는 고개를 끄덕였다.

"그런데 유리를 이루는 입자는 물의 입자보다도 더 빽빽하게 붙어 있단다."

"물보다 더요? 그럼 물에서 유리를 향하는 빛도 꺾이겠네요?"

"맞다. 향이가 제법이구나. 그리고 유리가 두꺼울수록 빛이 더 많이 꺾이지. 게다가 그 안에 물이 가득 차 있기 때문에 어항 전체가 볼록 렌즈의 역할을 하고 있어."

"볼록 렌즈요?"

이번에는 빛나가 물었다.

"돋보기에 있는 렌즈가 바로 볼록 렌즈란다. 볼록 렌즈로 보면 물체가 크게 보이는 건 알고 있지?"

"아! 두껍고 동그란 유리 어항 때문이야. 그래서 작은 물고기가 크게 보였구나."

나는 다시 한 번 작은 물고기를 보며 말했다. 빛나는 잠시 쉰 후에 빛의 구슬 조각을 꺼내러 물속에 들어갔다. 위치를 미리 봐 두었

각도로 밝혀라 빛!

둥근 어항이 볼록 렌즈의 역할을 했네.

는지, 금세 수면 위로 올라왔다. 빛의 구슬 조각 역시 어항 밖에서 본 것보다 작았다.

"이제 두 번째 조각도 손에 넣었으니 그만 가자."

빛의 구슬 조각을 소매에 넣으며 스넬리우스가 말했다.

"조금만 더 있다 가면 안 돼요?"

빛나는 물고기와 친해졌는지 어항에서 나올 생각을 안 했다.

"그새 잊었느냐? 여기는 해적들의 보물 창고다! 해적들이 돌아오면 어쩌려고 그래? 자, 빨리 가자."

스넬리우스가 호통을 치고 아까 들어왔던 구멍으로 먼저 뛰어내렸다.

"빛나야, 빨리 와. 우리도 가야지."

그러자 빛나도 물고기와 작별 인사를 나누고 어항에서 나왔다. 그때 등 뒤에서 굵은 목소리가 들렸다.

"어딜 가시려고? 이 좀도둑들!"

"해적이다!"

빛나가 놀라 소리쳤다. 다섯 걸음도 채 떨어지지 않은 곳에서 해적들이 무기를 들고 다가오고 있었다. 먼저 탈출한 스넬리우스는 우리가 해적에게 포위된 걸 까맣게 모르는 것 같았다. 하지만 다행히도 해적들은 우리가 들어왔던 구멍 쪽에는 눈길을 주지 않았다. 나와 빛나는 천천히 다가오는 해적들의 발걸음에 맞춰 한 발 한 발 뒤로 물러났다.

"빛나야, 내가 셋을 셀 테니까, 다 세면 우리가 들어왔던 구멍으로 뛰어."

나는 빛나에게만 들리도록 작게 속삭였다. 빛나는 고개를 약간 끄덕였다.

"하나."

우리는 내색하지 않고 그대로 천천히 뒷걸음질 쳤다.

"둘."

우리 걸음이 약간 빨라지자 해적들 역시 빠르게 달려들었다. 그리고 우리가 바라보는 곳으로 시선을 돌렸다.

각도로 밝혀라 빛!

"셋!"

셋을 외치면서 나와 빛나 그리고 해적들은 동시에 구멍을 향해 뛰었다.

"빛나야, 빨리!"

빛나는 옷이 젖어서 빨리 달리지 못했다. 나는 빛나의 손을 잡고 뒤를 돌아보며 힘차게 달렸다.

"앞으로 열 걸음 남았어!"

나는 바로 앞에 보이는 구멍을 보며 말했다.

"이제 세 걸음!"

그제야 눈치챘는지 스넬리우스가 구멍 아래에서 우리가 뛰어내리기 좋게 두 팔을 뻗고 있었다.

뒤를 보니 해적들은 손만 뻗으면 닿을 만큼 가까웠다. 나는 빛나를 구멍 아래로 세게 밀었다. 그리고 빛나가 무사히 스넬리우스의 팔에 안기는 걸 확인했다.

"너도, 어서!"

스넬리우스의 목소리가 들렸다. 나는 있는 힘을 다해 스넬리우스 쪽으로 몸을 던졌다. 하지만 그와 동시에 뒤에서 누군가 잡아당기는 것이 느껴졌다. 해적에게 옷자락을 잡힌 모양이었다.

"먼저 가세요! 빛나를 지켜 주세요!"

나는 소리를 지르며 그 자리에 넘어지고 말았다. 스넬리우스는 잠시 멈칫했지만, 결국 해적들이 뛰어내리기 전에 마법으로 구멍을 막아 버렸다. 구멍으로 몸을 던진 해적 몇 명은 그대로 땅바닥에 턱을 부딪치며 우스꽝스럽게 넘어졌다.

나는 나를 누르고 있는 해적에게서 빠져나가기 위해 몸부림을 쳤다. 그러나 온몸에 근육이 울퉁불퉁한 해적의 손아귀에서 벗어날 수 없었다. 넘어진 해적들이 나를 누르고 있는 해적에게 다가와 말했다.

"할머니랑 여자아이는 놓쳤어. 할머니가 마법을 쓰던데……. 이 꼬마는 어쩔까?"

"두목이 돌아올 때를 기다려야지. 창고를 못 지킨 걸 알면 불같이 화를 낼 테니 그냥 밖에서 어슬렁거리는 걸 잡아 왔다고 하자."

그들은 그렇게 몇 마디 나누더니 내 입에 재갈을 물리고 커다란 자루로 나를 덮었다. 그리고 나를 번쩍 들어 올려 어디론가 끌고 갔다.

각도로 밝혀라 빛!

도전! 빛의 나라 퀴즈 5

분명히 곧은 막대인데 물에 넣자 막대가 구부러진 것처럼 보였습니다. 왜 이런 일이 생겼을까요?

빛은 입자일까? 파동일까?

우리가 물체를 볼 수 있는 것은 빛이 있기 때문입니다. 빛이 없다면 사물을 볼 수 없으니 아름다운 자연도 세상의 사물도 볼 수 없겠지요. 중요한 의미를 지닌 만큼, 빛은 오래전부터 많은 과학자들의 탐구 대상이었어요. 실제로 빛은 어떤 특징을 가지고 있을까요?

고대의 수학자이자 철학자인 피타고라스는 오래 전에 빛의 특성을 정의했어요. 그는 물체에서 내보내는 입자가 우리 눈에 들어오기 때문에 물체를 볼 수 있다고 설명했습니다. 빛에 대한 연구는 이후 17세기에 본격적으로 시작되었습니다. 뉴턴은 18세기 중반에 '빛은 눈에 보이지 않는 작은 입자의 흐름'이라고 주장했습니다. 또한 아인슈타인은 빛이 입자라는 주장을 실험으로 증명했습니다. 금속에 빛을 비추어 물질의 표면에서 전자가 튀어나오는 현상을 관찰한 것이 유명합니다. 그 실험 결과, 빛이 입자라는 사실이 밝혀졌지요. 벽에 부딪혀 튀어나가는 당구공을 본 적 있나요? 빛이 직진하고 반사하는 성질에 주목하여 빛을 마치 당구공과 같은 알갱이, 즉 입자로 이해한 것입니다.

빛이 입자가 아닌 파동이라는 주장도 나왔습니다. 파동이란 물질의 한 부분에서 생긴 주기적인 진동(떨림)이 주위로 멀리 퍼져나가는 현상입니다. 강물 한복판에 돌멩이를 던지면 돌멩이가 떨어진 곳을 중심으로 물 위에 동심원이 생기지요? 이렇게 위아래로 움직이는 움직임을 파동이라고 해요.

이후 좁은 틈이나 장애물을 만나면 빛의 일부가 돌아서 나아가는 성질과, 빛의 파장이 겹쳐지는 성질이 발견되었습니다. 이 성질들은 진동하는 물질에서만 확인할 수 있는 대표적인 성질이었어요. 그래서 빛이 파동이라는 사실이 증명되었지요. 실제로 빛은 입자의 성질과 파동의 성질을 모두 띠고 있습니다. 과학자들은 이를 '빛의 이중성'이라고 말한답니다.

7
망원경 수리 작전

　자루 속이라 캄캄했지만 정신은 또렷했다. 계속 어두운 세계에 있었더니 어둠이 그리 무섭지 않았다. 오히려 소리나 촉감에 집중할 수 있었다. 나는 마음속으로 해적의 발걸음을 셌다.

　'하나, 둘, 셋, 넷, 다섯, 여섯…… 마흔아홉, 쉰.'

　그리 먼 곳은 아니었다.

　'끼이익!'

　철문이 열리는 소리가 나더니, 해적이 나를 던지듯 내려놨다. 나를 그들의 감옥에 데려온 모양이었다.

　"밖에서 어슬렁거리는 걸 잡아 왔어."

　"어떤 녀석인데? 또 빛의 나라의 저항군이냐?"

159

7. 망원경 수리 작전

나를 끌고 온 해적이 말하자 다른 목소리가 물었다. 그곳을 지키는 간수인 것 같았다.

"그냥 꼬마 아이 같은데."

　그러자 간수가 나를 덮은 자루를 벗겼다. 그리고 나를 훑어보며 소리쳤다.

"뭐야, 애송이잖아? 그냥 쫓았으면 될 거 아냐!"

　내가 주변을 둘러보는 동안 간수는 어느새 철문을 쾅 닫고 나가 버렸다.

"문 앞은 안 지킬 거냐?"

"꼬마는 어차피 못 빠져나가. 비밀번호를 모르면 안에서 나올 수 없으니까."

"아돌프는 왜 저런 복잡한 장치를 해 놨는지······."

"잘난 척하려는 거지 뭐. 우리는 각도를 모르니까."

　해적들의 목소리가 점점 멀어졌다. 나는 재갈을 풀고 주변을 살폈다. 바닥에 손바닥만 한 거울 조각 하나와 나무 막대 두 개가 있을 뿐이었다. 나는 먼저 손거울을 들고 좁은 쇠창살 사이로 내밀었다. 손거울을 기울이니 감옥 안에서도 밖의 복도를 볼 수 있었다. 길게 뻗은 복도 양 옆으로 횃불 몇 개만이 길을 밝히고 있었고 지키는 사람은 아무도 없었다.

'비밀번호라고? 각도를 맞히면 열린다 이거지?'

각도로 밝혀라 빛!

해적들의 말대로 철문에는 번호를 돌려 여는 자물쇠가 채워져 있었다. 세 자리의 비밀번호를 모두 맞히면 열리는 것 같았다. 자세히 들여다보니 바로 아래 작은 글씨가 새겨져 있었다. 거울로 비춰서 좌우가 바뀌었지만 길지 않아 쉽게 읽을 수 있었다.

'두 직선이 만드는 가장 큰 각.'

나는 글씨를 읽고 어리둥절해졌다. 걱정했던 것과 달리 문제가 너무 쉬웠다. 나는 아까 거울 두 개로 원숭이들을 속인 일을 떠올렸다. 처음에 두 거울은 90도가 넘게 벌어져 있었는데, 내가 사이를 좁히자 두 거울에 반사되는 바나나 개수가 늘어났다.

'아냐. 지금은 가장 큰 각을 생각해야 돼.'

나는 스넬리우스가 팔을 쭉 뻗었을 때의 기억을 더듬었다.

"아, 90도의 두 배! 90 곱하기 2는…… 180도다!"

나는 재빨리 자물쇠의 각 자리 숫자를 180에 맞추었다. 그리고 자물쇠가 풀리기를 기다렸다.

'덜그덕!'

그때 내 뒤에서 돌이 움직이는 소리가 들렸다. 나는 순간 숨을 죽였다. 뒤를 돌아보니 돌벽의 큰 돌 하나가 들썩이다가 갑자기 앞으로 빠졌다. 그리고 돌이 빠진 틈으로 누군가의 머리가 쑥 들어왔다. 나는 너무 놀라 뒤로 넘어질 뻔했다.

"오빠, 나야."

머리를 내민 사람은 다름 아닌 빛나였다.

"나도 있다."

둘이 함께 나를 찾으러 온 모양이었다.

"오빠를 자루에 넣을 때부터 소리를 따라 미행했어."

나는 안도의 한숨을 쉬었다. 그리고 다시 문을 바라봤다. 180이라는 비밀번호를 맞췄는데도 자물쇠는 그대로 잠겨 있었다.

각도로 밝혀라 빛!

"오빠, 스넬리우스가 이 건물에 빛의 구슬 조각이 하나 더 있대. 그런데 다른 곳은 경비가 심해서 이 철문을 열고 들어가는 수밖에 없대."

"알았어. 그런데 비밀번호를 돌려도 안 열려."

나는 다시 자물쇠를 살펴보며 말했다. 빛나가 궁금한지 머리를 더 들이밀며 물었다.

"문제가 뭔데? 응?"

"두 직선이 만드는 가장 큰 각. 180도 아니야?"

"맞을걸. 그렇죠, 스넬리우스?"

빛나가 고개를 다시 바깥으로 뺐다. 그러자 이번에는 스넬리우스가 고개를 숙여 얼굴을 보이며 말했다.

"아까는 팔을 벌려 설명했으니까 180도가 가장 컸지. 기억은 잘 안 나지만 그게 가장 큰 각은 아니었던 것 같구나."

스넬리우스도 이번에는 자신 없는 목소리였다.

나는 머릿속에서 스넬리우스의 팔을 지우고 직선 두 개를 떠올려 봤다. 하지만 상상만으로는 쉽게 그려지지 않았다. 그때 바닥에 있던 나무 막대 두 개에 눈길이 갔다.

"나무 막대로 다시 해 볼게요."

나는 나무 막대를 겹쳐서 바닥에 놓았다. 그리고 하나는 그대로 두고 하나만 움직여 조금씩 둘 사이의 각도를 벌렸다.

"그래, 좋은 생각이야."

한 바퀴 돌면 360도!

360°

어느새 빛나가 고개를 내밀고 말했다. 나는 두 직선이 일직선이 될 때까지 각을 벌렸다. 그러자 이번에는 다시 스넬리우스가 고개를 들이밀었다.

"거기서 더 벌려 봐라. 두 막대 끝은 그대로 붙여 두고."

나는 스넬리우스의 말대로 움직이던 나무 막대를 계속해서 움직였다. 그러자 결국 두 개의 나무 막대가 다시 하나로 포개졌다. 각을 벌리느라 나무 막대를 돌린 흙바닥에는 동그랗게 원이 그려졌다.

"다시 0도가 됐는데요."

내가 스넬리우스를 바라보자 스넬리우스가 웃으면서 말했다.

"하하, 그걸 보니 알겠구나. 다시 생각해 보거라. 180도만큼 벌린 다음에……."

"180도를 더 벌렸어요!"

164

나는 소리를 치면서 다시 자물쇠로 다가갔다.

"180의 두 배니까 2를 곱하면……."

하지만 세 자리 수를 머릿속으로 곱하는 건 쉽지 않았다. 내가 우물쭈물하자 빛나가 외쳤다.

"곱셈이 어려우면 덧셈으로 해. 180에 180을 더하면 되잖아."

나는 고개를 끄덕이며 흙바닥에 180을 두 번 적고 덧셈을 했다. 답은 360도였다.

내가 자물쇠의 번호를 360으로 돌리려는데 다시 등 뒤에서 돌벽

이 흔들리는 소리가 났다. 이번에는 아까보다 소리가 더 컸다.

'우르르르.'

내가 놀라서 뒤를 돌아본 순간 뒤쪽 돌벽이 무너져 내렸다. 흙먼지가 뿌옇게 일더니 그 속에서 스넬리우스가 보였다.

"콜록콜록! 우리는 괜찮다. 콜록콜록!"

스넬리우스가 빛나를 덮은 망토를 걷으며 다가왔다. 두 사람이 계속 돌 틈으로 얼굴을 들이밀자 벽이 무너진 것이었다.

나는 돌벽이 더 무너지기 전에 자물쇠의 번호를 360으로 돌렸다. 그러자 곧바로 자물쇠가 풀리고 철문이 열렸다.

"열렸어!"

빛나와 내가 문을 열고 나가려는 순간 스넬리우스가 우리를 붙잡았다.

"이번에는 너희들끼리 다녀오거라. 나는 해적들이 오지 못하게 여기를 지켜야겠어. 벽이 무너지는 소리를 그들도 들었을 게다."

겁이 났지만 어쩔 수 없었다. 스넬리우스가 망토에서 반짝이는 갑옷 두 벌을 꺼내서 우리에게 하나씩 건넸다.

"그림자 나라의 병사들이 입는 갑옷이다. 이것을 입고 들어가면 너희가 누군지 눈치채지 못할 거야."

나와 빛나는 재빨리 옷 위에 갑옷을 입었다. 말은 하지 않았지만 스넬리우스의 얼굴에 걱정이 가득했다.

각도로 밝혀라 빛!

"복도 끝까지 가서 왕의 방을 찾아라. 그 안에 빛의 구슬 조각이 있을 거야."

나는 일부러 밝은 표정으로 말했다.

"너무 걱정 마세요. 다녀오겠습니다."

빛나도 내 손을 잡고 씩씩하게 인사했다.

"스넬리우스가 그러는데 여기는 그림자 나라의 성안이래. 괜찮을까?"

나는 망설이는 빛나를 달래며 조심히 감옥 문을 나섰다. 그리고

7. 망원경 수리 작전

긴 복도를 따라 걷기 시작했다.

복도 곳곳에서 해적과 그림자 나라의 병사들이 서성이고 있었다. 하지만 우리는 갑옷 덕분에 자유롭게 성안을 돌아다닐 수 있었다.

한참 들어가니 복도 양옆에 그림자 나라의 유물들이 진열되어 있었다. 우리는 의심을 사지 않으려고 일부러 복도를 구석구석 살피며 천천히 걸었다.

복도 맨 끝에 다다르자 커다랗고 화려한 문이 있었다. 왕의 방이 틀림없었다.

"저기다."

빛나와 나는 거대한 문을 살살 밀기 시작했다. 누가 나올지도 몰라 잔뜩 긴장했지만 문을 다 열 때까지 아무도 나타나지 않았다.

방 안은 깔끔하게 정돈되어 있었다. 그런데 안으로 들어가자 침대 옆에 작은 소년이 서서 우리를 지켜보고 있었다. 우리보다 그 아이가 더 겁먹은 표정이었다. 얼굴을 보니 우리 또래였다. 새하얀 얼굴에 검은 머리카락을 늘어뜨리고 있어서 얼굴에 그림자가 진 것같이 보였다.

"경계하지 않아도 돼. 우린 너를 해치러 온 게 아냐."

내가 부드럽게 말하자 아이가 입을 열었다.

"너희들 혹시…… 빛의 나라에서 온 아이들이니?"

뜻밖의 말에 놀랐지만 나는 사실대로 말해 주기로 했다. 왠지 그

각도로 밝혀라 빛!

아이에게는 거짓말을 할 수 없었다. 앳된 얼굴에 어울리지 않게 말투와 자세가 굉장히 근엄했다.

"응. 빛의 구슬 조각을 찾으러 왔어."

"다행이구나! 빛의 구슬 조각은 나에게 있다."

아이는 그렇게 말하면서 자신의 망토 안에서 빛의 구슬 조각을 꺼내 내밀었다.

"이걸 어떻게……?"

"나는 그림자 나라의 왕 라크야."

아이의 말에 나와 빛나는 깜짝 놀라고 말했다. 자세히 살펴보니 흐트러진 머리카락 사이로 반짝이는 왕관이 보였다.

"그림자 나라의 왕? 그런데 왜 우리를 돕는 거야? 너는…… 아니, 당신은 빛의 구슬을 깨뜨린 나쁜 사람이잖아!"

잠자코 있던 빛나가 따지듯이 말했다. 그러자 라크는 한숨을 크게 쉰 뒤 말했다.

"그래, 그렇게 생각하겠지. 하지만 나는 단지 빛을 갖고 싶었을 뿐이다. 질투 어린 마음으로 어둠의 마법사에게 휘둘리고 말았지. 하지만 이젠 아니야."

라크는 정말 후회하고 있는 것 같았다. 나는 라크가 건네는 빛의 구슬 조각을 받아서 주머니에 잘 챙겨 넣었다.

"어쨌든 고마워."

"지금까지 모두 몇 개를 모았느냐?"

라크가 물었다.

"하나, 아니 두 개…… 이제 세 개 모았어."

빛나가 손가락을 하나씩 접어 가며 대답했다.

"그래? 다섯 개 중 세 개를 찾았으니 두 개가 남았구나. 내가 너희를 빛의 궁전으로 보내 주마. 아마 나머지는 모두 빛의 궁전에 있을 거다."

"여기서 또 걸어야 해?"

각도로 밝혀라 빛!

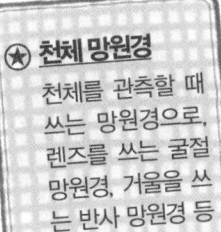

★ 천체 망원경
천체를 관측할 때 쓰는 망원경으로, 렌즈를 쓰는 굴절 망원경, 거울을 쓰는 반사 망원경 등이 있다.

빛나가 자리에 주저앉으며 말했다. 나도 지쳐서 더 이상 걷기 힘들었다. 그러자 라크가 웃으며 말했다.

"아니다. 마법 ★ 천체 망원경을 쓰면 순간 이동할 수 있지."

라크는 침실을 지나 더 깊은 구석으로 우리를 데리고 갔다. 그곳에는 방 전체를 채울 만큼 거대한 망원경이 장치되어 있었다. 뚫린 천장을 향해 망원경의 끝이 밤하늘로 뻗어 있었다.

"와, 이거 우주를 볼 때 쓰는 천체 망원경이야. 맞지?"

내가 놀라서 소리쳤다. 천문대에서만 볼 수 있는 천체 망원경을 갖고 있다니, 갑자기 라크가 대단하게 보였다.

"그래, **이건 케플러식 굴절 망원경이라고 한다.** 우주의 별을 관측할 수 있는 굉장한 물건이지."

"하지만 그림자 나라에서는 이걸 조금 다른 용도로 사용한다."

뒤에서 스넬리우스의 목소리가 끼어들었다.

"스넬리우스!"

우리가 돌아보자 스넬리우스는 검지 손가락을 입에 대고 작게 말했다.

"쉿! 들키지 않으려고 숨도 제대로 못 쉬고 반 발자국씩 걸어왔

케플러식
굴절 망원경이야.

어. 여기서 걸리면 끝장이다.”

라크가 스넬리우스를 향해 고개 숙여 인사했다.

“안녕하세요, 스넬……리우스? 혹시…….”

스넬리우스는 라크를 지그시 바라보았다. 라크도 스넬리우스를
똑바로 보고 있었다. 둘 사이에 남모르는 사연이 있는 것 같았다.

“무사했구나, 라크. 내가 이 아이들을 불러왔다. 꽤 똑똑하다. 가
끔 사고도 치지만.”

빛나와 내가 스넬리우스를 빤히 쳐다보자 스넬리우스가 말을 돌
렸다.

각도로 밝혀라 빛!

"자, 우선 하던 얘기를 계속하려무나."

라크가 고개를 끄덕이고 천체 망원경에 다가갔다. 그리고 하늘을 향하고 있던 천체 망원경의 한쪽 끝을 아래로 내렸다. 망원경이 땅과 수평이 되었다.

"우리는 보이는 곳에 바로 갈 수 있게 하는 마법을 이 천체 망원경에다 걸었어. 망원경으로 볼 수 있는 곳이면 어떤 곳이라도 순간 이동할 수 있지."

라크가 망원경을 쓰다듬으며 미소 지었다.

"그럼 바로 빛의 궁전으로 갈 수 있는 거야?"

빛나가 소리쳤다.

"호들갑 떨지 말거라. 지금 빛의 궁전에는 어둠의 마법사가 있다는 걸 잊으면 안 돼."

스넬리우스가 빛나를 꾸짖자, 라크가 빛나에게 다가가 빙긋 웃으며 대답해 줬다.

"망원경의 초점은 이미 빛의 궁전으로 맞추어져 있어. 마법도 걸어 놓았다. 그러니까 갈 준비를 하렴."

나는 아까 라크에게 받은 빛의 구슬 조각이 생각났다. 빛의 궁전에서 어떤 일이 일어날지 모르니 지금 스넬리우스에게 주어야 했다.

"스넬리우스, 여기 세 번째 빛의 구슬 조각이에요."

빛나와 나는 갑옷을 벗고, 주머니에서 빛의 구슬 조각을 꺼내 스넬리우스에게 내밀었다.

"으히힛! 그 조각은 내가 가져가마!"

꺼림칙한 목소리와 함께 어디선가 아돌프가 달려왔다. 아돌프는 순식간에 내 손에서 빛의 구슬 조각을 낚아채 천체 망원경에 올라 탔다. 그러고는 쇠망치로 망원경을 세게 때리고 라크가 걸어 놓은 마법 속으로 들어가 버렸다. 모든 것이 순식간이었다.

"어…… 어떻게 된 거지?"

아돌프가 사라지자 천체 망원경은 마치 블록 조각처럼 나누어져

각도로 밝혀라 빛!

긴 원통 두 개와 렌즈 두 개로 분해됐어.

있었다. 우리는 너무 놀라서 말도 하지 못하고 그 자리에 서 있었다.

"난쟁이들의 망치로 강하게 때리면 어떤 물건이든 조각조각 분해되어 버린다는 말이 사실이었군."

당황하지 않은 사람은 스넬리우스밖에 없는 것 같았다.

"스넬리우스, 아무렇지도 않아요? 우리는 이제 어떻게 해요?"

빛나가 울먹이며 스넬리우스에게 물었다. 하지만 스넬리우스는 태연했다.

"망연자실할 게 뭐 있냐? 빛의 구슬 조각을 모으는 일은 처음부터 쉽지 않았어. 가루처럼 부서지지 않은 게 어디냐?"

스넬리우스의 말이 맞았다. 망원경은 완전히 부서진 게 아니라 분해되었을 뿐이다. 다시 조립하면 되는 일이었다. 나는 다시 자신감이 생겼다.

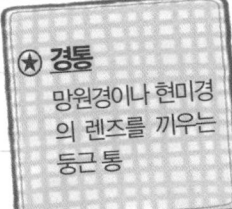

★ 경통
망원경이나 현미경의 렌즈를 끼우는 둥근 통

"나도 천체 망원경을 고치는 걸 도울게. 라크, 조각난 부분이 뭔지 알려 줘."

내가 나서자 라크의 눈에도 생기가 돌았다.

라크는 분리된 부품들을 하나하나 살폈다.

"내 천체 망원경은 긴 원통 두 개를 끼운 모양이었어. 두 개의 원통은 멀쩡하구나."

라크가 허리를 숙여 긴 원통을 만지며 말했다.

"그림자 나라의 왕이 원통이 뭐냐? 망원경의 긴 원통은 ★ 경통이라고 부른다."

"아, 경통이었지."

라크는 머리를 긁적이며 중얼거렸다. 그리고 다시 허리를 굽혀 바

나이가 들면 가까운 게 잘 안 보여.

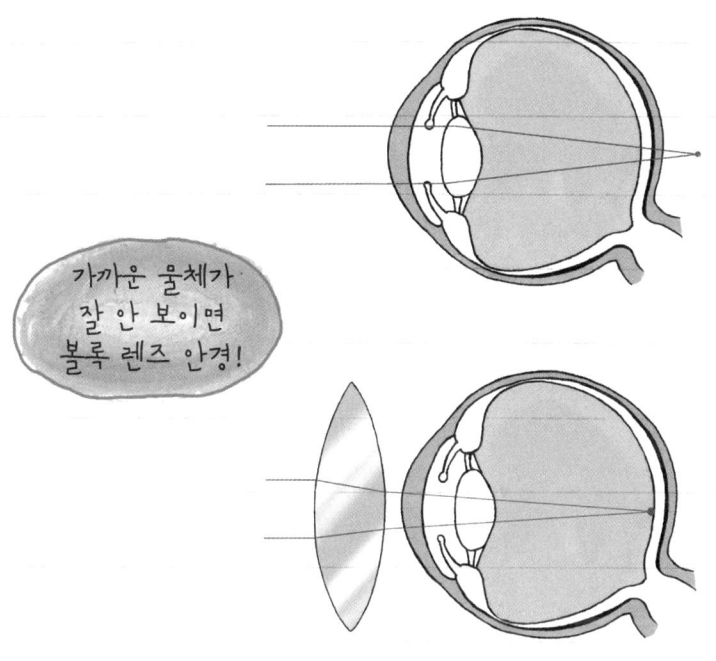

가까운 물체가
잘 안 보이면
볼록 렌즈 안경!

닥에 널린 부품들을 열심히 살펴보았다. 빛나도 거들었다.

"어라! 여기 돋보기 알이 있네. 오빠, 이거 봐."

빛나가 바닥에서 커다란 볼록 렌즈를 집어 들고 말했다. 돋보기에 끼워 넣는 볼록 렌즈였다. 나는 볼록 렌즈를 빛나의 얼굴에 대고 들여다보았다. 저 멀리 있는 별을 크게 보는 장치에 볼록 렌즈가 들어가는 것이 당연했다.

"이건 볼록 렌즈야. **망원경 안에 볼록 렌즈가 들어 있었구나.** 이걸로 보니까 네 얼굴이 크게 보인다. 흐흐."

"돋보기 알이 볼록 렌즈야? 그럼 우리 할머니가 쓰시는 돋보기안경도 볼록 렌즈인가?"

빛나의 질문에 스넬리우스가 대답했다.

"맞다. 어린아이들은 눈이 나빠지면 가까운 것은 잘 보이지만 먼 것이 잘 안 보이지. 하지만 나이가 들어 시력이 떨어지면 그와 반대야. 먼 곳이 잘 보이고 가까운 곳이 잘 안 보이게 된다."

"가까운 곳이 오히려 안 보인다고요?"

"맞아. 할머니도 평소에는 안경을 안 쓰시다가 가까이에서 신문이나 휴대폰을 볼 때 꺼내 쓰셨어."

빛나의 물음에 내가 대신 대답했다. 스넬리우스가 고개를 끄덕였다.

"빛이 안구에 들어와 안구의 안쪽 벽에 상을 맺어야 물체가 정확히 보인다. 그런데 나이가 들면 안구 뒤쪽에 상이 맺히게 돼. 이때 눈

볼록 렌즈로 빛을 한 곳에 모을 수 있어.

각도로 밝혀라 빛!

가까이 볼록 렌즈를 대면 ★ 초점이 앞으로 당겨지지."

가만히 듣던 라크가 말을 보탰다.

"어렵게 생각할 거 없다. **볼록 렌즈가 빛을 모으는 특성을 이용한 거야.**"

나는 아직도 잘 이해가 되지 않았다.

"볼록 렌즈가 빛을 모은다고?"

그때 빛나가 무릎을 치며 말했다.

"나도 들어 봤어! **돋보기로 햇빛을 모으면 불을 피울 수도 있어.**"

> ★ **초점**
> 평행하게 들어온 빛이 렌즈나 거울을 통과하며 굴절해 한 곳으로 모이는 점

이 경통에 하늘을 향하는 렌즈를 끼우자.

각도로 밝혀라 빛!

"맞다. 여기 경통과 볼록 렌즈가 있구나."

스넬리우스가 허리를 굽혀 바닥에서 경통을 주웠다. 아까 라크가 주운 것보다 구멍이 넓었다.

"그럼 볼록 렌즈가 두 개인 거야?"

빛나의 물음에 라크가 손뼉을 치며 말했다.

"그런 것 같아. **케플러식 굴절 망원경은 경통 두 개에 각각 볼록 렌즈를 끼워 연결한 거야.** 멀리 있는 게 더 크게 보이도록!"

나는 라크가 조립한 작은 경통에 작은 볼록 렌즈를 끼웠다. 크기가 꼭 맞았다. 스넬리우스는 큰 경통에 큰 볼록 렌즈를 끼웠다.

"이제 이 두 경통을 어떻게 할까요?"

"서로 끼운 다음에 볼록 렌즈의 거리를 조절해야지."

라크가 큰 경통을 우리 쪽으로 굴려 오면서 말했다. 빛나와 나는 작은 경통의 한쪽을 큰 경통 안으로 끼워 넣었다.

"벌써 망원경이 완성된 것 같아요!"

빛나가 소리치자 스넬리우스가 고개를 끄덕였다.

"그래, 여기까지만 조립해도 망원경이 되지. **두 볼록 렌즈의 간격을 조절하여 물체를 크게 볼 수 있다.**"

"이제 삼각대 위에 장치하면 돼."

우리는 라크를 도와 낑낑대며 삼각대에 경통을 얹었다. 드디어 천체 망원경이 원래의 모습을 되찾았다.

접안 렌즈를 붙인 경통과
대물 렌즈를 붙인 경통을
끼워서 천체 망원경 완성!

"이제 빛의 나라를 찾아볼까."

라크가 말했다.

"내가 해 볼래!"

빛나는 망원경으로 먼 곳을 보고 싶었는지 번쩍 손을 들었다. 라
크는 고개를 끄덕이더니 빛나를 망원경 가까이 불렀다.

"작은 볼록 렌즈 쪽에 눈을 대면 돼. 눈을 붙여 보는 렌즈라는 뜻으
로 접안렌즈라고 하지. 하늘을 향하는 큰 볼록 렌즈는 대물렌즈라고
하고."

스넬리우스도 한마디 거들었다.

"이렇게 대물렌즈를 하늘로 향하면 대물렌즈에서 한 번 굴절된
별빛이 접안렌즈에서 한 번 더 굴절된다. 그러면서 넓은 공간이 작
은 접안렌즈 속으로 쏙 들어오지."

각도로 밝혀라 빛!

빛나는 고개를 크게 끄덕이며 접안렌즈에 눈을 대고 망원경을 이리저리 돌렸다. 이윽고 무언가를 찾은 듯 빛나가 탄성을 질렀다.

"와! 이 성보다 훨씬 크네!"

이번엔 라크가 접안렌즈에 눈을 가까이 하고 살펴보더니 말했다.

"저기가 빛의 궁전이다."

빛나는 다시 망원경의 접안렌즈에 눈을 가져다 대었다. 빛의 궁전이 마음에 드는지 입가에 웃음이 걸렸다.

"이제 떠날 시간이다."

스넬리우스는 기다렸다는 듯이 떠날 채비를 했다. 라크는 곧바로 망원경에 순간 이동 마법을 걸어 주었다.

"……."

스넬리우스는 아무 말 없이 그 마법 속으로 들어섰다.

"라크, 잘 있어!"

"안녕! 우리가 꼭 어둠의 마법사를 물리칠게."

나랑 빛나가 인사했다.

"그래, 꼭 그러길 빈다."

라크도 우리에게 손을 흔들었다. 우리는 환한 빛을 뿜어내는 망원경의 마법 속으로 걸어 들어갔다.

상을 확대하는 망원경

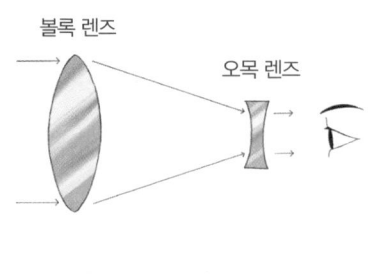

갈릴레이식 굴절 망원경

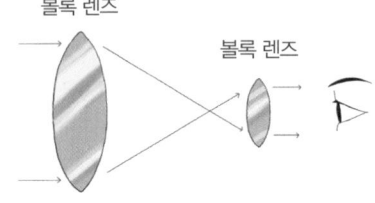

케플러식 굴절 망원경

렌즈나 거울을 이용하여 빛을 모아 먼 곳의 물체를 관측하는 장치는? 바로 망원경입니다. 망원경은 17세기에 우연히 두 개의 렌즈로 멀리 있는 물체를 크게 볼 수 있다는 사실을 발견한 이후 만들어졌다고 합니다. 두 개의 렌즈로 만든 망원경을 굴절 망원경이라고 해요. 이름처럼, 렌즈를 통과하는 빛의 굴절을 이용하는 망원경이지요.

최초의 굴절 망원경을 만든 사람은 갈릴레이입니다. 갈릴레이식 굴절 망원경은 볼록 렌즈(대물 렌즈)로 빛을 모아 상을 만들고 오목 렌즈(접안 렌즈)로 빛을 굴절시켜 보는 구조입니다. 갈릴레이는 단순한 구조의 이 망원경으로 목성과 같은 천체까지 관측했다고 해요. 이후 케플러는 볼록 렌즈와 볼록 렌즈를 조합하여 보다 시야가 넓고 배율이 높은 케플러식 굴절 망원경을 만들었습니다.

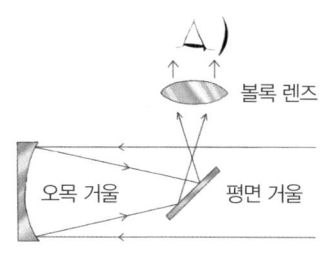

뉴턴식 반사 망원경

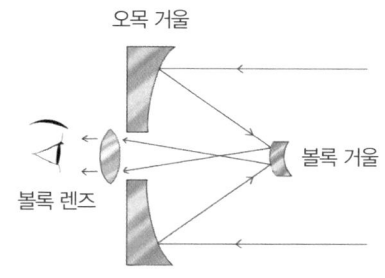

카세그레인식 반사 망원경

거울을 이용해서 빛을 모으는 망원경도 있어요. 거울의 반사를 이용해 빛을 모으는 망원경을 반사 망원경이라고 합니다. 경통을 통해 들어온 빛이 안쪽에 있는 큰 오목 거울에 반사되면 이 빛을 평면거울에 반사시 킨 후 볼록 렌즈로 확대해서 보는 구조입니다. 이런 방식을 쓰는 것을 뉴 턴식 반사 망원경이라고 해요. 오목 거울에서 반사된 빛을 볼록 거울에 다시 반사시켜서 보는 카세그레인식 반사 망원경도 있습니다. 반사 망원 경은 빛을 모으는 성능이 우수해요. 또한 반사 망원경으로 관측하면 넓은 시야를 확보할 수 있답니다. 그래서 반사 망원경은 성운, 성단, 은하 등 을 보는 천체 관측에 널리 쓰입니다.

8
볼록 렌즈로 빛을 모아

우리는 순식간에 빛의 궁전에 도착했다. 빛의 궁전은 멀리서 볼 때와 사뭇 달랐다. 색을 빼앗긴 그곳은 더 이상 빛의 궁전이라고 부를 수 없었다. 빛은커녕 햇불 하나 걸려 있지 않았고 달이 있는 하늘도 먹구름이 낀 듯 칙칙했다. 꼭 마녀의 성 같았다. 빛나도 실제로 보고는 실망한 표정이었다.

"가자."

스넬리우스는 그 모습이 익숙한 듯 우리를 궁전 안으로 이끌었다. 궁전 밖에도 안에도 사람은 한 명도 없었다.

"여기는 사람이 살지 않나요?"

빛나가 조심스럽게 물었다.

"안 사는 게 아니라 못 사는 거다. 어둠의 마법사 아펩이 빛과 관련된 사람들을 모두 지하 감옥에 넣어 버렸거든. 빛의 나라 사람들 모두를 말이다."

스넬리우스의 말을 들은 우리는 아무 말도 할 수 없었다. 우리는 긴 복도를 지나 계단 위로 빠르게 올라갔다. 그때 낯익은 목소리가 들렸다.

"흐히힛, 멍청이들이 제 발로 도착했군."

아돌프였다. 그는 계단 위에 서서 우리를 내려다보고 있었다. 우리가 올 것을 알고 있었다는 듯이 여유로운 표정이었다.

"아돌프! 빼앗아 간 조각을 돌려줘!"

빛나가 외쳤다.

"그렇게 쉽게 돌려줄 거면 빼앗지도 않았지. 안 그래?"

아돌프가 약 올리듯이 말했다. 거울 미로에서 시작해 지금까지 아돌프가 한 행동을 생각하니 화가 나서 참을 수가 없었다. 나는 단숨에 계단을 올라가 아돌프에게 달려들었다.

"어디 숨겼어? 어서 내놔!"

하지만 몸집이 작은 아돌프는 내 손아귀에서 쉽게 빠져나갔다. 아돌프는 갑자기 주머니에서 흰 가루를 한 줌 꺼내 우리를 향해 뿌렸다.

"내가 아무 준비도 없이 기다렸을 거라고 생각했냐? 히히힛, 따라

각도로 밝혀라 빛!

오고 싶으면 따라오라고. 그럴 수 있다면 말이지!"

우리가 흰 가루를 뒤집어쓰고 정신을 못 차리는 사이에 아돌프는
이미 달아나고 없었다.

"이게 뭐야?"

내가 눈에서 가루를 털어 내며 물었다.

"오빠, 이상해. 멀리 있는 풍경이 점점 흐릿하게 보여."

빛나 말이 맞았다. 점점 눈앞이 흐려지고 있었다.

"순간적으로 시력을 떨어뜨리는 가루로군. 조금 지나면 괜찮을 거다."

스넬리우스는 눈썹에 남아 있는 흰 가루를 털어 내며 말했다.

"아돌프가 또 무슨 짓을 할지 몰라요. 어서 따라가야 해요!"

성안의 풍경이 흐릿하게 보이자 나는 마음이 급해졌다. 내 말에 빛나도 눈을 비비며 말했다.

"볼록 렌즈! 망원경처럼 볼록 렌즈를 대고 보면 어때요?"

빛나의 머릿속에 천체 망원경을 만들 때 쓴 볼록 렌즈가 떠오른 모양이었다.

"맞아. 확대되어 보이니까 잘 보일지도 몰라!"

나도 맞장구를 쳤다. 그러자 스넬리우스의 불호령이 떨어졌다.

"방금 들은 것도 까먹으면서 어떻게 빛의 나라를 구한단 말이냐? 볼록 렌즈를 언제 쓰는지 벌써 잊었느냐?"

나는 그림자의 성에서 나누었던 이야기들을 떠올려 봤다.

"음, 뭐였지?"

"나도 기억이 잘 안 나. 혹시……."

우리는 중얼거리다가 동시에 외쳤다.

"돋보기안경!"

볼록 렌즈는 우리 할머니처럼 먼 풍경은 잘 보고 가까운 풍경은 잘 보지 못하는 사람들의 안경에 쓰는 렌즈였다.

각도로 밝혀라 빛!

"그래. 꼭 내가 소리를 질러야……. 나는 원래 그렇게 나쁜 사람이 아닌데……."

스넬리우스가 중얼거렸다.

"뭐라고요?"

"흠흠, 아니다."

내가 일부러 가까이 다가가며 물어보자 스넬리우스가 헛기침을 하며 우리 눈을 피했다.

"이제 화내지 않으마. 다시 이야기해 줄게. 너희들 말처럼 **볼록 렌즈로 만든 돋보기안경을 끼면 가까이 있는 물체를 잘 볼 수 있어.**"

그때 빛나가 끼어들었다.

"망원경에 넣은 볼록 렌즈로는 멀리 있는 별을 보는데요?"

이번에는 스넬리우스가 화내지 않고 대답했다.

"맞다, 빛나야. 볼록 렌즈 두 개를 서로 멀찍이 겹쳐 두고 보면 멀리 있는 물체를 크게 볼 수 있어. 망원경처럼 말이다. 하지만 볼록 렌즈를 눈앞에 바짝 대면 가까이 있는 물체를 더 잘 볼 수 있어. 우리 눈의 초점에 영향을 주거든. 조금 어렵지?"

"**그럼 지금 우리처럼 먼 풍경이 흐릿하게 보일 땐 볼록 렌즈 안경을 써도 소용이 없겠네요?**"

스넬리우스가 고개를 크게 끄덕였다. 빛나가 계속 물었다.

"그럼 오목 렌즈를 쓰면 되는 거 아니에요? 가까운 물체가 안 보일 때는 볼록한 걸 쓰니까, 먼 물체가 안 보이면 오목한 걸 쓰는 게 맞죠?"

"빛나야, 말장난하지 마. 오목 렌즈로 보면 그냥 물체가 작아 보일 뿐이야."

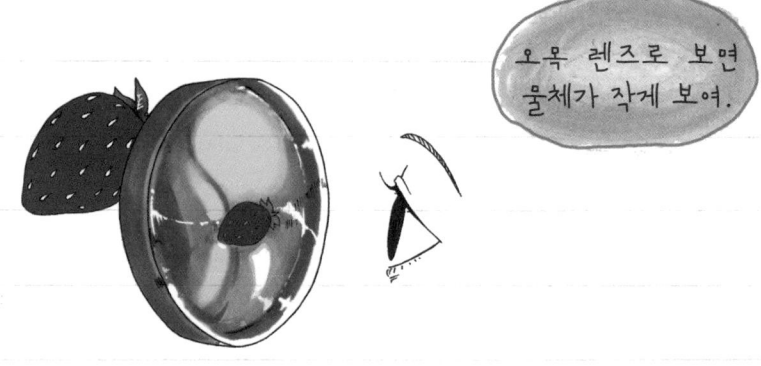

오목 렌즈로 보면 물체가 작게 보여.

나는 스넬리우스가 또 화를 낼까 봐 빛나에게 작게 말했다. 하지만 스넬리우스는 뜻밖의 말을 했다.

"하나를 알려 주니 둘을 아는구나. 빛나 말이 맞다."

나는 빛나의 농담이 해결책이라는 사실에 깜짝 놀랐다.

"오목 렌즈로 보면 사물이 작게 보이지. 하지만 눈 가까이에 대면 역시 상이 맺히는 위치를 바꾸지. 그래서 시력을 교정할 수도 있다. 그래, 왜 그 생각을 못했지? 지금 사용하면 도움이 되겠구나."

우리는 눈이 동그래져서 스넬리우스를 바라보았다.

"빛이 볼록 렌즈를 지나면 모인다고 했지? 반대로, **빛이 오목 렌**

각도로 밝혀라 빛!

스를 통과하면 퍼진단다. 그래서 상이 안구 벽의 앞쪽에 생기는 사람들은 오목 렌즈로 만든 안경을 써야 해."

우리가 계속 헷갈려하자 스넬리우스가 말을 이었다.

"너희 반에서 안경을 쓴 친구들은 아마 거의 다 오목 렌즈로 만든 안경을 썼을 거다. 그 아이들은 가까운 건 잘 보지만 멀리 있는 게 잘 안 보일 거야. 그래서 오목 렌즈로 초점을 바로잡는 거지."

나는 볼록 렌즈와 오목 렌즈의 차이점을 되새겨 봤다.

"볼록 렌즈는 빛을 모으고, 오목 렌즈는 빛을 퍼뜨리고…… 그럼 불빛을 오목 렌즈에 통과시키면 빛이 더 넓게 퍼져요?"

스넬리우스가 싱긋 웃으면서 대답했다.

"오목 렌즈에 통과시키면 당연히 넓게 퍼진다. 자, 하지만 지금

8. 볼록 렌즈로 빛을 모아

은 눈의 초점을 교정해야 해. 이제 오목 렌즈를 제대로 활용해 보자꾸나.”

스넬리우스는 망토의 소맷자락 안을 열심히 뒤지더니 작은 오목 렌즈를 네 개 꺼내 우리에게 두 개씩 나누어 주었다. 오목 렌즈는 가운데 부분이 살짝 들어가 있었다. 아마 오목한 부분으로 들어간 빛이 퍼져 나오는 것 같았다.

“그게 가장 널리 쓰이는 안경알이다. 눈앞에 대 보거라.”

“스넬리우스는 안 써요?”

“나는 노안이라 볼록 렌즈로 만든 돋보기안경을 써야 하는데 그

와! 멀리까지 선명하게 보여!

각도로 밝혀라 빛!

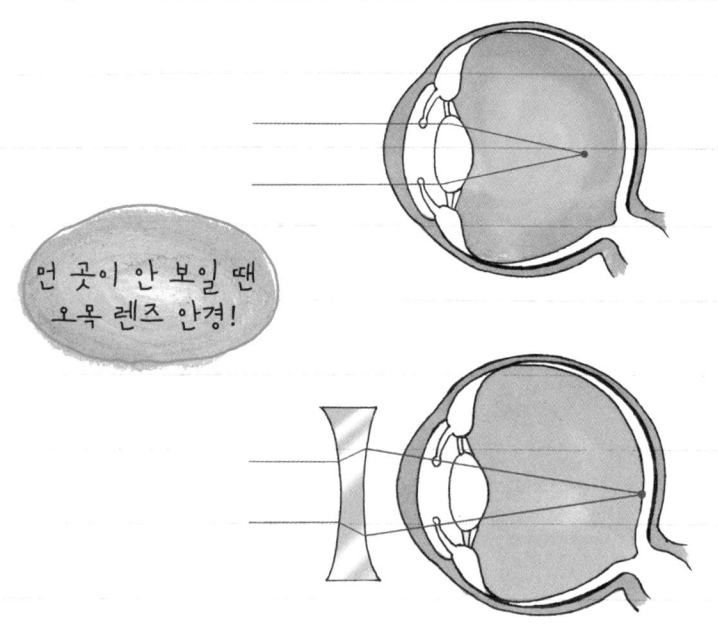

먼 곳이 안 보일 땐
오목 렌즈 안경!

마저 귀찮구나.”

안경알을 눈앞에 대니 흐릿했던 먼 곳 풍경이 꽤 선명해졌다.

빛나는 어느새 앞장서서 걷고 있었다. 우리는 오목 렌즈를 두 눈에 댄 우스꽝스러운 모습으로 성의 깊숙한 곳까지 들어갔다.

“멈춰라, 야옹!”

우리밖에 없는 줄 알았는데 방 안에서 갑자기 다른 목소리가 들려왔다. 목소리의 주인공은 고양이였다.

“귀엽다!”

빛나는 겁도 없이 말하는 고양이에게 다가갔다.

“멈춰라, 냥! 나는 위대하신 어둠의 마법사 아펩 님을 지키는 어

195

둠의 문지기다. 냥!"

하지만 빛나는 멈추지 않았다. 그저 귀여운 고양이가 말을 한다고 생각하는 모양이었다.

"냥! 내 실력을 보여 줘야 정신을 차리겠군. 나의 각인을 받으면 내가 내는 20개의 문제를 모두 풀어야만 지나갈 수 있다. 받아라, 냐앙!"

고양이는 자신이 우스워 보이는 게 싫었던지 바로 본모습을 드러냈다. 고양이 눈에서 갑자기 퍼런빛이 번쩍 하며 내게로 뻗쳐 왔다. 그 순간 빛나가 몸을 날려 그 빛을 막았다. 넘어지면서 빛나의 렌즈가 바닥에 떨어져 부서지고 말았다.

"빛나야!"

내가 놀라서 소리쳤다. 그러나 정작 빛나는 괜찮은 모양이었다. 빛나가 고개를 들고 자신 있는 표정으로 말했다.

"오빠, 난 괜찮아. 지금까지 돌아다니면서 배운 게 얼마나 많은데, 문제 20개쯤이야. 여기는 나한테 맡겨!"

"이런, 한 번에 셋을 다 맞추려고 했는데……. 이렇게 된 이상 한 명이라도 잡아 둘 수밖에. 냥! 바로 첫 번째 문제를 시작하겠다. 색은 무엇 때문에 생기는 거냥?"

"히힛, 쉽지! 바로 빛의 반사 때문이야. 빛의 삼원색도 알고 싶니?"

빛나는 의기양양하게 대답했다. 나는 그 모습을 보자 조금 안심이 됐다. 스넬리우스도 나와 같은 생각인지 먼저 발길을 옮겼다. 나는

각도로 밝혀라 빛!

마음속으로 빛나를 응원하며 그 뒤를 따랐다.

　방을 나온 스넬리우스와 나는 또다시 방 뒤로 넓게 펼쳐진 계단을 올랐다. 그때 스넬리우스가 손을 들어 나를 막았다.

　"무슨 일……?"

　"이런, 벌써 여기까지 올라오다니! 그래도 그 시끄러운 고양이가 여자아이 하나는 붙잡았나 보구나. 으하핫!"

무섭지?

렌즈 뒤에서 나오시지.

아돌프였다. 그런데 아돌프의 몸집이 엄청나게 컸다. 처음에 이 모습을 봤다면 아마 놀라 도망쳤을 것이다. 하지만 나는 빛의 궁전에 올 때까지 수많은 것을 배웠다.

"아돌프, 볼록 렌즈 뒤에서 그만 나오시지. 볼록 렌즈 때문에 크게 보이는 거 다 알거든."

내가 차갑게 말했다. 아돌프는 사람 키만 한 볼록 렌즈 뒤에 서 있었다.

"쳇, 이 정도는 쉽다 이거지?"

아돌프는 재빨리 볼록 렌즈 뒤에서 나와 계단 앞쪽의 복도로 도망갔다. 나와 스넬리우스는 아돌프를 놓칠세라 곧바로 따라 들어갔다. 시력도 점점 돌아오고 있었다. 나는 오목 렌즈를 주머니에 집어넣고 더 빨리 달리기 시작했다.

복도의 끝이 보였다. 아돌프가 뒤돌아보며 소리쳤다.

"여기까지 오다니, 생각지도 못한 일인걸. 뭐, 대단하군. 하지만 더는 따라올 수 없을 거다!"

아돌프를 따라 복도 끝의 모퉁이를 돌자 예상치 못한 광경이 펼쳐졌다. 복도에 온갖 벌레와 넝쿨이 가득했다. 스넬리우스와 나는 놀라서 그 자리에 우뚝 섰다.

"반사된 허상이다!"

"아, 거울 미로처럼!"

각도로 밝혀라 빛!

눈앞에 보이는 것은 여러 개의 거울로 반사된 상들이었다. 진짜 벌레와 진짜 넝쿨은 멀리 떨어져 있었다. 우리는 다시 아돌프를 쫓아 달리기 시작했다. 모두 거울에 비친 모습이라고 생각하니 하나도 무섭지 않았다. 한참을 헐떡이며 뛰어가서 모퉁이를 돌자 거울 벽이 사라졌다. 손대면 닿을 거리에 아돌프가 있었다.

아돌프의 어깨를 막 붙잡으려 할 때였다.

"아이코, 향이야!"

스넬리우스 옆에 뻗어 있던 굵은 넝쿨 하나가 스넬리우스의 몸을

감았다. 우리의 생각을 꿰뚫은 아돌프가 교묘하게 함정을 판 것이다.

"스넬리우스!"

내가 놀라서 소리쳤다. 하지만 스넬리우스는 당황하지 않고 재빨리 팔을 뻗어 아돌프를 붙잡았다. 아돌프는 빠져나가려고 애썼지만 넝쿨은 이미 두 사람을 옭아맨 채 돌돌 말려 올라가고 있었다.

"괜찮아요? 내려오실 수 있어요?"

늘 든든한 지원자이던 스넬리우스가 붙잡히자 나는 어떻게 해야 할지를 몰랐다.

"어서 가거라! 가서 어둠의 마법사를 무찌르고 빛의 구슬 조각을 모두 모아! 이걸 가지고 가거라."

허공에 매달린 스넬리우스는 그렇게 말하며 나에게 빛의 구슬 조각 두 개를 던져 주었다. 아돌프는 이미 정신을 잃고 넝쿨 끝에 매달려 있었다.

빛의 구슬 조각을 받았지만 나는 혼자 어둠의 마법사를 상대해야 된다는 생각에 발길이 떨어지지 않았다. 그러자 스넬리우스가 엄한 목소리로 말했다.

"빛나도 우리를 위해 그 고양이를 상대하고 있는데, 넌 그 정도 용기도 없는 것이냐?"

나는 정신이 번쩍 들어 뒤도 돌아보지 않고 앞으로 달렸다.

'스넬리우스, 꼭 모시러 올게요!'

각도로 밝혀라 빛!

나는 미로 끝에 있는 화려한 방문 앞에 섰다. 온 힘을 다해 문을 밀었더니 탁 트인 공간이 나왔다. 작은 정원 같았다. 주변을 돌아보고 있는데 나무 뒤에서 검은색 망토를 입은 사람이 나타났다. 검은 돌이 박힌 지팡이를 들고 있었다. 나는 대번에 그자가 어둠의 마법사 아펩이라는 걸 알아챘다.

아펩이 나를 흘깃 보더니 낮은 목소리로 말했다.

"꼬마야, 네가 모은 빛의 구슬 조각을 순순히 내놓으면 너희들의 목숨만은 살려 주마."

8. 볼록 렌즈로 빛을 모아

순간 머릿속에 빛나와 스넬리우스가 떠올랐다. 잘못해서 그들을 위험에 빠트리는 것보다 빛의 구슬 조각을 줘 버리는 게 나을 것 같았다.

하지만 빛을 찾지 못하면 집으로 돌아갈 수 없다. 빛 한 줄기 없는 이곳에 계속 살기는 싫었다. 나는 고개를 세차게 흔들었다.

"무섭긴 하지만 당신에게 줄 생각은 없어!"

그는 서서히 나에게 다가왔다. 그리고 검은 돌이 박힌 지팡이 끝을 내 쪽으로 향했다. 지팡이 끝에서 차가운 불빛이 뿜어져 나왔다. 순간 내 몸이 붕 떴다가 바닥으로 떨어졌다. 땅에 부딪친 엉덩이가

욱신거렸다. 하지만 아프다고 포기할 수는 없었다. 나는 벌떡 일어나 아펩에게 달려들었다. 이번에도 그는 지팡이로 나를 가볍게 튕겨 냈다.

그때 스넬리우스가 건네준 빛의 구슬 조각이 생각났다. 너무 꼭 쥐고 있어서 손이 저릴 지경이었다. 나는 숨겼던 빛의 구슬 조각을 그에게 들이댔다.

"네가 착한 라크를 꼬드겨 빛을 없앴지! 맛 좀 봐라!"

"으윽!"

아펩은 빛을 보고 몸을 웅크렸다. 나는 그 순간을 노려 다시 달려

들었다. 하지만 내가 가까이 가자 아펩이 다시 일어났다.

"하하하하, 꿈도 크구나. 고작 한 조각에서 나오는 빛으로 나를 쓰러뜨리겠다고?"

아펩이 기분 나쁜 웃음과 함께 소리쳤다. 이 정도 빛으로는 아펩을 누를 수 없는 모양이었다.

나는 주변에 이용할 만한 물건이 있는지 둘러보았다. 정원 중앙의 화려한 제단 아래 무언가 빛나고 있었다.

'볼록 거울이다!'

숟가락 뒷면처럼 가운데가 볼록한 볼록 거울이었다. 나는 아펩을 지나쳐 볼록 거울이 있는 제단 아래쪽으로 달렸다. 뛰어가는 나를 보고 아펩이 다시 지팡이를 들었다. 그때 그의 허리춤에서 반짝이는 것이 보였다. 분명 나머지 빛의 구슬 조각이었다! 나는 재빨리 볼록 거울을 집어 들고 그걸 방패 삼아 뒤에 숨었다.

'볼록 거울로 빛을 반사시켜야지!'

내가 볼록 거울 뒤로 숨자마자 아펩의 지팡이에서 나온 불빛이 나를 향했다. 하지만 그 빛은 볼록 거울에 반사되어 사방으로 흩어져 나갔다.

"하하, 막았다. 어떠냐, 아펩!"

나는 의기양양하게 소리쳤다.

아펩이 목과 어깨를 풀면서 나를 무섭게 노려봤다. 아펩을 이기려

각도로 밝혀라 빛!

면 다른 수를 써야 했다.

'거울로 막는 데는 한계가 있어. 빛을 한곳으로 모아서 공격해야 되는데, 이제 어떡하지?'

'부스럭!'

무언가 부서지는 소리가 나서 바닥을 보니 오목 렌즈가 깨져 있었다. 아까 주머니에 넣어 두었던 것 중 하나였다. 나는 혹시나 해서 주머니에 손을 넣어 남은 오목 렌즈를 꺼냈다. 하지만 오목 렌즈로 빛을 모을 방법은 없었다.

볼록 렌즈라면 빛을 모을 수 있는데. 아, 할 수만 있다면 마법이라도 부리고 싶다!'

"향이야! 이걸 받아라!"

내 마음을 읽기라도 했는지 스넬리우스가 나타났다. 스넬리우스는 세 번째 빛의 구슬 조각을 나에게 던져 주었다.

"아돌프의 주머니 속에 하나가 들어 있더군."

나는 스넬리우스를 향해 고개를 끄덕였다. 넝쿨에서 힘들게 빠져나왔는지 스텔리우스의 망토 여기저기가 해져 있었다. 빛의 조각 세 개가 모이니 훨씬 밝은 빛이 났다. 아펩은 그 빛을 보고도 별로 놀라지 않았다.

"스넬리우스, 마지막으로 한 번 더 도와주세요!"

"빛을 모을 수 있는 볼록 렌즈 말이냐?"

이번에도 스넬리우스가 내 마음을 읽었다. 그리고 내가 대답하기도 전에 소매를 뒤졌다. 그리고 볼록 렌즈를 꺼내서 내게 건넸다.

"꼬마야, 할머니까지 데려온 거냐? 대체 무슨 수작을 부리는 거야?"

나는 아펩의 말에 아랑곳하지 않고 그의 얼굴을 향해 볼록 렌즈를 높이 들었다. 그리고 세 개의 빛의 구슬 조각을 볼록 렌즈 바로 뒤에 댔다. 그러자 빛의 구슬 조각에서 나온 빛이 볼록 렌즈를 거쳐 아펩의 눈에 한 점이 되어 비추었다.

"앗! 뭐야, 이 빛은?"

생각지 못했던 환한 빛에 당황한 모양이었다. 그때 내게 좋은 생각이 떠올랐다.

"스넬리우스, 마법 지팡이를 빌려 주세요!"

나는 다시 한 번 볼록 렌즈를 쓰기로 했다. 이번에는 심장을 겨눴다. 그리고 마법 지팡이 끝을 볼록 렌즈 뒤에 댔다. 멀리서 스넬리우스의 주문이 들렸다.

"쵸키쵸키! 빛을 뿜어라!"

지팡이 끝에서 빛이 뻗어 나와 볼록 렌즈를 통과한 뒤 내가 겨눈 아펩의 심장에 모였다.

"으아아아악!"

굵은 비명 소리와 함께 아펩이 흔적도 없이 사라졌다. 그 자리에 남은 것은 그의 허리춤에 있던 네 번째 빛의 구슬 조각뿐이었다. 우

각도로 밝혀라 빛!

리가 어둠의 마법사를 물리친 것이다.

　나는 말없이 스넬리우스에게 달려가 안겼다. 멀리서 빛나가 뛰어오는 것이 보였다. 나는 스넬리우스에게 빛의 구슬 조각을 모두 건네고 빛나에게 달려갔다.

　"빛나야, 해냈어! 어둠의 마법사를 물리쳤다고!"

　"오빠가 해낼 줄 알았어!"

　빛나는 약간 힘들어 보였지만 내 말에 웃으며 엄지손가락을 치켜세워 주었다. 스넬리우스는 조용히 마법사가 남긴 빛의 구슬 조각을 집어 들었다. 빛나와 나는 스넬리우스에게 다가갔다.

"이상하다. 라크는 분명히 빛의 구슬 조각이 다섯 개라고 했어요. 그런데 왜 네 개밖에 없는 거죠?"

빛나가 궁금하다는 표정으로 스넬리우스에게 물었다.

"나머지 하나는 빛의 여왕이 갖고 있다."

우리는 스넬리우스의 말에 깜짝 놀랐다. 빛의 여왕이 있다는 말은 들어 본 적도 없었다.

"그럼 여왕을 또 찾으러 가야 하나요?"

내가 물었다.

"아니, 그럴 필요 없다, 빛의 여왕은 이미 이곳에 있으니."

……빛의 여왕이었어요?

각도로 밝혀라 빛!

"네?"

우리가 서로 마주 보는 동안 놀라운 일이 벌어졌다. 스넬리우스가 소매 안을 뒤지더니 마지막 빛의 구슬 조각 하나를 꺼냈다.

"스, 스넬리우스. 비…… 빛의 여왕인 거예요?"

빛나가 눈이 동그래져서 스넬리우스에게 물었다. 스넬리우스는 아무 말 없이 빛의 구슬이 놓였던 제단으로 다가갔다. 그리고 제단 위에 다섯 개의 빛의 구슬 조각을 놓고 주문을 외웠다. 우리는 멍하니 그 모습을 지켜봤다.

"쵸키쵸키! 빛의 구슬이여, 다시 이곳에 나타나라!"

주문이 끝남과 동시에 제단 위에 둔 다섯 개의 조각들이 하늘로 떠오르기 시작했다. 그리고 허공에서 엄청난 빛이 뿜어졌다. 빛이 너무 밝아서 제대로 눈을 뜰 수 없었다.

"빛나야, 괜찮니?"

잠시 후 빛이 사그라지자 나는 실눈을 뜨고 빛나에게 물었다.

"응. 그런데 오빠…… 빨리 눈 뜨고 저것 좀 봐."

빛나는 무언가에 홀린 듯 말했다.

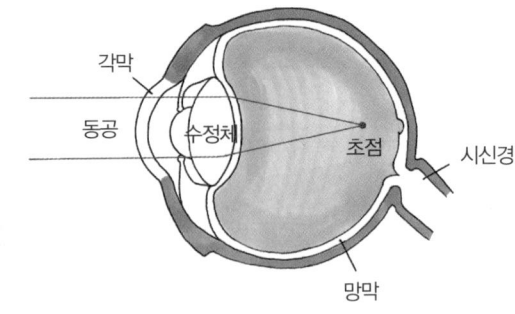

각막

동공

수정체

초점

시신경

라식 수술 전

망막

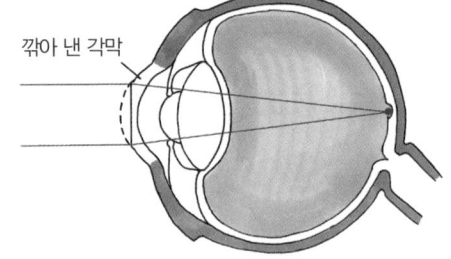

깎아 낸 각막

라식 수술 후

우리 눈은 동공, 각막, 수정체, 망막, 시신경 등으로 이루어져 있습니다. 안구가 카메라의 몸체 역할을 하고, 수정체는 렌즈 역할을 하지요. 동공으로 들어온 빛은 볼록한 수정체를 통과하면서 굴절합니다. 그리고 망막의 시신경 근처에서 초점을 맺어요. 망막에 거꾸로 맺힌 상을 뇌에서 원래 모습으로 인식하여 물체를 보게 되는 것입니다. 시력이 나쁜 사람에게는 사물이 흐릿하게 보이지요. 왜일까요?

상이 정확히 망막 위에 맺히지 않으면 물체가 흐릿하게 보입니다. 근시는 상이 맺히는 위치가 망막에 닿지 못하는 경우이고, 반대로 상이 망막 뒤에 맺히는 경우를 원시라고 합니다. 눈이 나쁜 대부분의 젊은 사람들이 근시에 속하는데, 이들에게는 가까운 곳은 선명하게 보이고 먼 곳은 희미하게 보이죠. 근시인 눈은 오목 렌즈 안경을 이용해 초점을 망막에 맺히도록 교정합니다.

최근에는 안경 대신 수술로 심한 근시 시력을 교정하기도 합니다. 가장 널리 알려진 시력 교정술은 라식(LASIK)입니다. 라식은 각막 뚜껑을 떼어 낸 다음 레이저로 각막 내부를 깎아 빛의 굴절 정도를 조절하는 방법입니다. 필요 이상으로 볼록한 각막을 깎아 조금 덜 볼록하게 만들어 상이 망막에 맺히게 하는 것입니다. 오목 렌즈 안경을 끼는 것과 같은 원리예요.

그러나 라식이 누구에게나 가능한 수술은 아닙니다. 수술 후 각막 두께가 400마이크로미터 이상은 돼야 하기 때문에 각막의 두께가 얇으면 위험할 수 있습니다. 안과 의사가 정밀 검사를 통하여 각막의 두께, 난시나 근시 정도, 각막과 망막의 상태 등을 확인한 후 그에 맞는 수술 방법을 결정합니다.

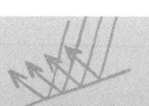

눈을 뜨고 빛나가 가리키는 쪽을 보았다.

'아름답다!'

나는 속으로 탄성을 질렀다. 칙칙했던 회색 하늘은 더 이상 볼수 없었다. 파란 하늘 아래 파릇파릇한 풀잎들이 반짝거렸다. 제단위에 떠 있는 빛의 구슬은 찬란하게 빛났다. 빛의 나라에 색이 돌아온 것이다.

"어? 스넬리우스는 어디 있지?"

"여기 있다."

우리는 목소리가 들리는 곳으로 고개를 돌렸다. 그곳에는 할머니가 아닌 아름다운 여왕이 서 있었다.

빛을 찾아 줘서 고맙다.

"설마, 스넬리우스 할머니?"

"할머니가 아니래도! 난 빛의 여왕이다. 빛의 구슬이 부서져서 힘을 잃고 할머니의 모습을 하고 있었지만, 이제 제 모습을 찾았지."

말투가 분명 스넬리우스였다. 나와 빛나는 함께 빛의 여왕을 얼싸안았다. 빛의 여왕이 다정하게 우리의 등을 다독여 주었다.

"고맙다. 너희들 덕분에 빛과 색을 다시 찾았어."

"뭘요. 여왕님 덕분에 살았어요."

빛의 여왕이 정원 한쪽에 놓인 거울을 가리키며 말했다.

"저 거울 가까이로 다가가면 이 세상으로 왔을 때처럼 빨려 들어갈 거다."

각도로 밝혀라 빛!

"스넬리우스, 아니, 빛의 여왕님, 우리와 함께 가지 않을래요?"

빛나가 물었다. 나도 정든 빛의 여왕과 헤어지기 싫었다.

"나는 빛의 나라를 지켜야지. 너희가 집에 돌아가야 하는 것처럼 여기가 내 집이란다."

결국 빛나는 울음을 터뜨리고 말았다. 나는 빛나를 달래며 거울로 향했다.

"안녕히 계세요."

내가 고개를 돌려 빛의 여왕에게 인사했다. 빛의 여왕은 미소를 띤 채 손을 흔들어 주었다. 빛나는 여전히 고개를 푹 숙이고 있었다.

"잘 가거라, 착한 꼬마들."

"안녕, 빛의 여왕님."

빛나는 울먹이는 목소리로 인사했다. 그리고 우리는 함께 거울로 빨려 들어갔다. 내 귀에 빛의 여왕의 나지막한 목소리가 들려왔다.

"어둠의 마법사가 완전히 사라진 게 아니다. 언젠가 또 다른 아이들을 불러야 할지도 모르겠군."

빛의 나라 퀴즈 정답

퀴즈 1

정답 : 빛나와 조금 떨어져서 횃불의 높이를 낮춥니다.

고정된 물체의 그림자는 빛의 위치에 따라 달라집니다. 해가 높이 떠 있는 한낮과 해가 서서히 떨어지는 해 질 녘을 비교해 보면 쉽게 알 수 있습니다. 물체의 그림자는 옆에서 비스듬히 빛을 비출 때 커집니다. 하지만 물체에서 너무 멀어지면 그림자가 흐려집니다.

퀴즈 2

정답 : 20개

60도를 이루는 두 거울 사이에 하나의 물체를 두면 물체가 5배로 비춰집니다. 같은 원리로 4개의 사탕을 두고 거울 사이의 각도를 60도로 만들면, 4개의 5배인 20개(4×5=20)가 비춰집니다.

퀴즈 3

정답 : 좌우가 뒤바뀐 상이 보입니다.

볼록한 원기둥 거울은 거울의 앞은 물론이고 양옆까지 넓게 비춥니다. 그래서 원기둥 거울에 비춰 보면 눈으로 볼 때와 다른 모습으로 보입니다. 평면거울에 비추면 원래 모습과 똑같고 좌우만 뒤바뀐 상이 보입니다.

각도로 밝혀라 빛!

퀴즈 4

정답 : 위쪽 거울에서 좌우가 뒤집힌 상이 아래쪽 거울에서 다시 뒤집히기 때문입니다.

잠망경은 마주한 두 거울의 반사를 이용한 기구입니다. 위쪽 거울에 비친 풍경이 아래쪽 거울에 반사되기 때문에, 아래쪽 거울을 보면 위쪽 풍경을 볼 수 있습니다. 이때 위쪽 거울에는 좌우가 뒤집힌 상이 맺히는데, 아래쪽 거울에 반사될 때 다시 좌우가 뒤집힙니다. 그래서 잠망경을 통해서 보면 실제와 똑같은 상이 보입니다.

퀴즈 5

정답 : 공기에서 물로 나아가거나 물에서 공기로 나아갈 때, 빛의 진행 경로가 꺾이기 때문입니다.

빛은 공기나 물의 입자의 성질에 따라 속도가 변합니다. 그리고 빛의 속도가 변하면 직진하던 빛의 경로가 꺾입니다. 물의 입자는 공기의 입자보다 빽빽해서 빛이 공기에서 물로 나아가면 굴절됩니다. 물속의 물체는 굴절된 빛 때문에 실제와 다른 위치에 있는 것처럼 보입니다.

융합인재교육(STEAM)이란?

새로운 수학·과학 교육의 패러다임

"지구는 둥근 모양이야!"라고 말한다면 배운 것을 잘 이야기할 수 있는 학생입니다.

"지구가 둥글다는 것을 어떻게 알게 되었나요?"라고 질문한다면, 그리고 그 답을 스스로 생각해 보고 궁금증에 대한 흥미를 느낀다면 생활 주변에서 배우고 성장할 수 있는 학생입니다.

미래 사회는 감성과 창의성으로 학문의 경계를 넘나드는 융합형 인재를 필요로 합니다. 단순한 지식을 주입하지 않고 '왜?'라고 스스로 묻고 찾아볼 수 있어야 합니다.

미국, 영국, 일본, 핀란드를 비롯해 많은 선진 국가에서 수학과

각도로 밝혀라 빛!

과학 융합 교육에 힘쓰고 있습니다. 우리나라에서도 창의 융합형 과학 기술 인재 양성을 위해 교육부에서 융합인재교육(STEAM) 정책을 추진하고 있습니다.

융합인재교육(STEAM)은 과학(Science), 기술(Technology), 공학(Engineering), 예술(Arts), 수학(Mathematics)을 실생활에서 자연스럽게 융합하도록 가르칩니다.

〈수학으로 통하는 과학〉 시리즈는 융합인재교육(STEAM) 정책에 맞추어, 수학·과학에 대해 학생들이 흥미를 갖고 능동적으로 참여하며 스스로 문제를 정의하고 해결할 수 있도록 도와주고 있습니다.

스스로 깨우치는 교육! 과학에 대한 흥미와 이해를 높여 예술 등 타 분야를 연계하여 공부하고 이를 실생활에서 직접 활용할 수 있도록 하는 것이 진정한 살아있는 교육일 것입니다.

2 수학으로 통하는 과학

각도로 밝혀라 빛!

ⓒ2013 글 강선화
ⓒ2013 그림 가온길

초판 1쇄 발행 2013년 6월 10일
초판 8쇄 발행 2021년 11월 18일

지은이 강선화
그린이 가온길
펴낸이 정은영
마케팅 최금순, 오세미, 김하은
제작 홍동근

펴낸곳 (주)자음과모음
출판등록 2001년 11월 28일 제2001-000259호
주소 10881 경기도 파주시 회동길 325-20
전화 편집부 (02)324-2347, 경영지원부 (02)325-6047
팩스 편집부 (02)324-2348, 경영지원부 (02)2648-1311
이메일 jamoteen@jamobook.com

ISBN 978-89-544-2993-1(44400)
       978-89-544-2826-2(set)